Die Welt danach

BERND MARIN

DIE WELT DANACH

Leben, Arbeit und Wohlfahrt nach dem Corona-Camp

FALTER VERLAG

ISBN 978-3-85439-693-2

1011 Wien, Marc-Aurel-Straße 9
T: +43/1/536 60-0, F: +43/1/536 60-935
E: bv@falter.at, service@falter.at
W: faltershop.at

Autor: Bernd Marin
Korrektur: Helmut Gutbrunner
Abbildung Cover: Walter Molino, Singoletta, Archivio Storico Fondazione Corriere della Sera
Umschlagdesign: Dirk Merbach
Grafik und Layout: Marion Großschädl
Satz: Barbara Blaha
Gedruckt Florjančič tisk d.o.o., SL 2000 Maribor

FSC www.fsc.org
MIX
Aus verantwortungsvollen Quellen
FSC® C106954

Wir haben bei diesem Buch im Sinne der Umwelt auf die Verpackung mit Plastikfolie verzichtet.

Einleitung

Seuchen und Seuchenbekämpfung überfielen mich als Thema – ebenso wie die Virenplage selbst und ihre gesundheitspolitischen Bändigungsversuche durch Quarantäne als Realität uns alle – wie jedes Unglück erst einmal völlig unerwartet, hinterrücks, fast zufällig. In meinem Fall zwischen Skopje in Nordmazedonien und Wien, wo ich mit Kollegen des Instituts für die Wissenschaften vom Menschen/IWM unterwegs war. (Näheres zur Vorgeschichte dieses Buches „made in IWM", das aus einer Reihe von Interviews in Print, Radio, Video und TV entstand, findet sich auf den Seiten 131 ff.)

16. bis 18. März 2020: Die Tage eins bis drei des ersten Lockdowns: Antworten auf die Frage „Welche ungewöhnlichen Erlebnisse hatten Sie in der ersten Woche dieser Ausnahmesituation?"

Am 17. März, dem Tag zwei der ersten Quarantäne, lud die Zeitschrift *Datum* alle 51 Teilnehmer*innen am Buchprojekt zu ihrem 15. Geburtstag, „Wo sind wir hier eigentlich? Österreich im Gespräch" (2019, Verlag Brandstätter), mit der Bitte um ein paar Einschätzungen ein. „Wir sind uns bewusst, dass es angesichts der Dynamik der Ereignisse nicht leicht ist, diese Fragen zu beantworten [...] Die Sammlung der Antworten [...] wird so zu einer Art publizistischer Zeitkapsel – eine erste Momentaufnahme in einem wohl noch lange anhaltenden Veränderungsprozess."

Am 18. März 2020 schickte ich als Antwort ein paar Beobachtungen: „Persönlich einige unerhörte Fanpost, Liebesbriefe, rührende Sorgebekundungen und Unterstützungsangebote, die meine Frau und mich überrascht und bewegt haben" – und die mit der Freude über so viel Mitgefühl, darf ich heute hinzufügen und gestehen, gleich auch ein bisschen befremdet haben: Sah man uns plötzlich altersbedingt als Angehörige einer lebensgefährdeten und hilfsbedürftigen „Risikogruppe“, deren Einkäufe man übernehmen und „Absonderung“ zuhause gewährleisten sollte?

Eine unbeabsichtigte praktische Nebenfolge: Noch nie seit Jahrzehnten war ich so häufig einkaufen (auch radeln, spazieren, [berg-]wandern) wie im letzten Jahr. Angesichts einer Reihe schwerster Covid-19-Erkrankungen im engsten Freundes- und Kollegenkreis schon ab Mitte März und einiger Todesfälle in der Bekanntschaft bis Dezember war das wohl gleichsam eine Art unbewusster, magischer, ein bisschen leichtsinniger Selbstvergewisserung, sich in einer vervirten Welt als überlebensfähig zu erweisen. Im vorliegenden Buch finden sich einige Reflexionen über die Folgen dieses „historisch erstmaligen und verheerenden Framings von Corona als eine Art Altenseuche“ und seine vergiftenden Auswirkungen auf die Generationenbeziehungen von Jung und Alt sowie allen Altersgruppen dazwischen.

„Auffallend und sehr ermutigend war der große Fortschritt gegenüber den“ (anfänglich oft zutiefst menschenfeindlichen) „Reaktionen auf HIV/Aids in den 1980er-Jahren“, dessen Pandemiemanagement ich zusammen mit Patrick Kenis für den Zeitraum 1983 bis 1997 in einer Reihe europäischer Länder untersucht hatte. Nachdem Fachleute und Journalisten die dazu 1997 erschienene Buchpublikation, „Managing AIDS: Organizational Responses in Seven European Countries“ zur gleichnamigen Studie für die WHO, ausgegraben hatten, folgte – ausgehend von Aids und Corona – eine Serie von Interviews zum vergleichenden Seuchenmanagement, die den Kern dieses Buches bilden.

Vom ersten Augenblick an einprägsam war die Beobachtung, „dass nicht nur das Beste, Innovativste, Humanste, sondern auch das Mieseste unserer Spezies offenbar wurde: vom Diebstahl lebenswichtiger Schutzkleidung und Masken, Plünderungen von Desinfektionsmitteln und -automaten in deutschen Spitälern am helllichten Tag und ‚laufenden Diebstählen‘ im österreichischen Parlament über Panikhamsterkäufe, verantwortungslose Geschäftsgier und Wucher bis zu Waffen- und vor allem Munitionskäufen. Warum wird eigentlich keinem der offenkundig gefährlichen Psychopathen, die sich in Warteschlangen vor Waffengeschäften drängten, um sich mit einer Glock und einer Verdreifachung der ‚üblichen' Munition einzudecken, nicht der Waffenschein überprüft oder entzogen?", schrieb ich am 18. März 2020. Und acht Monate später: „Warum durften im zweiten Shutdown – bei geschlossenen Schießstätten (!) – Munition und Waffen als ‚Notfallprodukte' durchgehend gekauft und verkauft werden?"

Hat irgendwer eine Antwort darauf – und interessiert sich überhaupt irgendwer dafür? Und was bedeutet dieses auffällige politische Desinteresse an privaten Gewaltpotenzialen und potenziellem Verlust des staatlichen Gewaltmonopols nach den Erfahrungen der Gewaltverseuchung der Gelbwestenbewegung und der Erstürmung des Kapitols durch den bewaffneten Trump-Mob? Jedenfalls scheint die kriminelle und parasitäre Energie in Pandemiezeiten trotz teils spektakulärer Abnahme bestimmter Verbrechen insgesamt ungebrochen. Sie dürfte sich jetzt aber – vielfältig umgelenkt und vorübergehend neu orientiert zugunsten frei flottierender Aggression – aus Verfolgungsängsten und Verschwörungsfantasien nähren.

Das gilt wohl auch für die angeblich unverrückbar fixen „unverbesserlichen fünf Prozent" an „Gemeingefährdern" und „Lebensgefährdern", „Corona-Party"-Deppen und angeblich zahllosen „Spuckattacken", von denen wir vom allerersten Tag des Lockdowns an tagtäglich hören und lesen mussten. Natürlich gibt es immer einen Bodensatz an Dolmen und rücksichtslosen Egoisten, die aber wie alle Bösen selbstverständlich immer die anderen sind, nie wir selbst. Doch im Gegensatz zu den ertappten Partygästen war dem schlauen Schwachkopf und Erfinder der neodarwinistischen Schnapsidee eines „Corona-Camps" (der das vorliegende Buch seinen Titel verdankt) zwecks wohlorganisierter wilder Ansteckung

Uninfizierter en masse rechtlich nichts anzuhaben (siehe Seite 104 f.). Ebenso ist den Dränglern unter den Herrn Bürgermeistern, Religionsvertretern und Verbandsfunktionären als sich vorschummelnden Impfdosenusurpatoren in den Geriatriestationen, Pflege- und Altersheimen derzeit mit juristischen Mitteln überhaupt nicht beizukommen.

Dagegen können Verstöße gegen das Epidemiegesetz wie Isolationsmissachtung jetzt in Italien mit bis zu fünf Jahren statt bisher drei Monaten Freiheitsentzug oder gemeine Vergehen wie das Vorschwindeln eines falschen SARS-CoV-2-Status in Österreich wie schwere Verbrechen mit jahrelangem Gefängnis belangt werden. Recht erweist sich demnach als doppelt unwirksam, weil undurchsetzbar, also gleichzeitig als allzu stumpfe und allzu scharfe Waffe gegen asoziales Verhalten, ohne dass doch Empörung und moralische Entrüstung über Regelverletzungen ein ausreichend wirksames „gelinderes Mittel" der Sanktionierung wäre. Andererseits zeugen 15,5 Millionen Polizeikontrollen und 913.000 Verwarnungen und Anzeigen allein im ersten Monat des *confinement* in Frankreich oder über 100.000 eingeleitete Strafverfahren in den ersten beiden Wochen der Quarantäne in Italien eher von Hilflosigkeit der Exekutive als von wirksamer und angemessener Rechtsdurchsetzung.

Zum Wundern, Lachen – und Weinen?

Weiters wurde meinen Antworten zufolge vom ersten Moment an (wohl aber vor allem in den Frühphasen) der Pandemie „viel verwundert, geschmunzelt und gelacht: so viel skurrile, groteske oder kafkaeske Alltagsgeschichten können Covid-19-krisenfreie Zeiten ohne kollektive Angstlust, Straflust und Mordlust und ‚Überlebens'-Kampf um Konserven und Klopapier einfach nicht bieten. Kabarettist möchte man sein." (18. März) „Tatsächlich helfen gegen Unbegreifliches, quälende Ungewissheiten, Widersprüche und Paradoxien die Wahrheiten von Künstlern und Komikern vermutlich mehr als die der

Experten, Wissenschaftler oder Philosophen. Sie lassen sich am besten – und oft nur – mit Humor bewältigen.

Wer hätte etwa vor März 2020 geahnt, dass Gesundheit und Menschenleben, ja die ganze Menschheit in der Quarantäne durch mehr oder minder süßes Nichtstun wie als Couch-Potato daheim vor der TV-Glotze rumsitzen oder lesen ‚gerettet' werden könnten. Wer hätte ahnen können, dass Hunderttausende von uns fast formlos eine Art bedingungsloses, arbeitsfreies Grundeinkommen oder ein großzügiges Kurzarbeitsgeld von bis zu neunzig Prozent Einkommen bei zehn Prozent Arbeit erhalten, wenn wir zuhause bleiben und kaum oder gar nicht arbeiten – gleichsam einen Arbeitskraftstilllegungsbonus und eine Nicht-Ansteckungsprämie.

Und wer hätte ahnen können, dass wir in Quarantäne gefühlte Millionen ‚Helden' des Corona-Alltags hatten, fast mehr Heroen als Einwohner. Jeder Sicherheitswache- oder Bankbeamte hinter einer Glasscheibe am Schalter war an der ‚Front' im ‚Krieg gegen das Virus' und riskierte Gesundheit und Leben für uns alle zur Aufrechterhaltung ‚überlebenswichtiger Dienste'. Was bedeutete es dann aber, wenn in manchen ‚systemkritischen' Berufen, selbst in Gesundheitsprofessionen bei weniger als einprozentiger Infektionsrate bis zu vierzig Prozent Abwesenheit durch Krankenstandsmeldungen oder geschlossene Ordinationen berichtet wurden?" (30. März) Schon ahnen wir realitätsnähere Unterscheidungen wahrer und angemaßt falscher Helden sowie angeprangerter, vermeintlicher und tatsächlicher, heimlicher Schurken im Corona-Alltag.

Mit Karl Valentin möchte man sagen: „Hoffentlich wird es nicht so schlimm, wie es schon ist." Weil es aber leider, entgegen allen Hoffnungen, genauso schlimm ist, wie es schon ist und wie Karl Valentin befürchtete, und weil uns seither seitens der Obrigkeiten so viel Lachhaftes geboten wurde, ist uns leider das Lachen nach dem Sommer allmählich wieder vergangen oder immer öfter im Hals stecken geblieben. Statt

Lachen rief Lächerliches zunehmend ungläubiges Staunen und geradezu tierischen Ernst, Ratlosigkeit, Verdruss und schließlich Zorn bis zur Verzweiflung hervor.

Anlässe dazu gab es zuhauf: Man denke nur an die Zettelwirtschaft zum Contact-Tracing in Kaffee- und Wirtshäusern oder das ungeschickte Handhaben an und für sich guter Ideen wie der Corona-Apps und Corona-Ampel, die schließlich sogar völlig abgeschaltet wurde, die unverständlichen bis rechtswidrigen Gesetze, Erlässe und Verordnungen, die gut organisierten Massentests (bei denen dann nur die Massen fehlten), die surrealen Radio- und TV-Auftritte des beamteten Impf-„Sonderbeauftragten" und der „Chief Medical Officer" im Gesundheitsministerium, die uns die Wende zur Erlösung durch baldige Massenimpfung kommunizieren sollten. Allein das monatelange Versagen von Regierung in Bund und Ländern und der Hochbürokratie, ein kompetentes, effizientes, korruptionsfreies, missbrauchsfestes Impfmanagement, beginnend mit transparenter und priorisierungskonformer Registrierung, aufzusetzen und rechtzeitig absehbare Impftermine (oder zumindest Terminfenster in Kalenderwochen) zuzuweisen, hatte zuletzt die Geduld selbst der gut- und langmütigsten Bürger*innen über Gebühr strapaziert und die Folgebereitschaft systemkritisch absinken lassen.

Eine weitere, diesmal zukunftsbezogene Frage zur „publizistischen Zeitkapsel" fand folgende Antwort.

Wo werden wir als Gesellschaft in einem Jahr stehen?

„Sicher scheint mir nur, dass die Wirtschaftskrise sehr viel schwerer werden wird als die dann ‚beendete' bzw. völlig ‚normalisierte' Gesundheitskrise – während gesellschaftliche und kulturelle Umwälzungen durchaus positives, sogar unumkehrbares Lernpotenzial haben können. Vielleicht nehmen wir erstmals sogar die über hunderttausend weitestgehend vermeidbaren Toten der normalen, alljährlichen Influenza-Grippewelle in diesem Winter und allen vorangegangenen seit 1918 zur Kenntnis. Und vielleicht verzichten künftig nicht mehr bis zu 92 Prozent der Mitbürger hierzulande auf wirksame und verfügbare Impfungen.

Ich wage eine zweite Prognose, nämlich dass Einschränkungen bürgerlicher Freiheiten in liberalen Demokratien wenn überhaupt konsensuell (!) nur im Zeichen akuter Gesundheitskrisen wie Seuchen oder Umwelt-/Nuklear- oder Klimakatastrophen stattfinden könnten, wohingegen Notstand wegen kriegerischer oder gewalttätiger Auseinandersetzungen wie etwa der Gelbwestenaufstände, Massenmigration usw. selbst nur weitere Konflikte und Gewalt hervorrufen würde. Nur was ich schon 2013 als ‚sanitizing' und ‚sanitarianism' analysierte, eine Art obsessives Keimfrei-machen-Wollen, nämlich umfassendes Sterilisieren des als seuchenbedroht imaginierten ‚Volkskörpers', würde selbst eine stille, mehrheitsfähige Ausschaltung der Demokratie auf demokratischem Wege legitimieren.

Wir sollten uns nicht wundern, was im Gebote öffentlicher ‚Gesundheit', und zwar nur der Gesundheit als unserer säkularen Ersatzreligion, alles möglich und legitim werden könnte, von ‚strikter Quarantäne für alle Senioren' bis ‚Ausgangssperre' für alle, wie sie etwa der Virologe Andreas Kekulé befürwortet. Umgekehrt könnte gerade eine erfolgreiche Abwehr autoritärer Versuchungen in Notstandszeiten dauerhaft gegen illiberale Ansteckung immunisieren." Damit waren bereits am 18. März 2020 einige der Leitthemen dieses Buches angesprochen. Bis Redaktionsschluss am 4. Jänner 2021 haben sich zahlreiche weitere im Laufe des ersten knappen Corona-Jahres hinzugesellt.

Das Buch bemüht sich um eine leicht fassliche „Pop-Science" zu einer Jahrhundert-Pandemie-Krise – in der Quarantäne und danach. Hier findet man/frau, was anderswo fehlt – nämlich eine empirisch vergleichende Analyse zum

Seuchenmanagement in einem globalen Europa. Wie kann Leben, Arbeit und Wohlfahrt nach der akuten Gesundheits- und Wirtschaftskrise nachhaltig erneuert werden? Aus einer Reihe von Interviews entwickelt sich ein neues Format als Mix aus sozialwissenschaftlicher Studie, investigativer Recherche und Publizistik. Eine informative Chronik der Verschränkungen von objektivem Pech und institutionellem Versagen – wie sie sich etwa im Fall der „italienischen Tragödie" im Frühjahr und ihrer emblematischen europäischen Bedeutung und Beitragstäter oder der „China-Virus-Invasion ohne Chinesen?" zeigte.

Oder auch der tragischen Entwicklung vom „österreichischen Wunder" im Frühjahr zum „Ösi-Desaster" mit zeitweiligem „worst case worldwide" ab dem Spätherbst bis zum kakanischen „Impf-Fiasko" zu Jahresbeginn 2021, das sogar den oberösterreichischen Rot-Kreuz-Präsidenten wegen seiner „Serie von Pleiten, Pech und Pannen sehr verärgerte". Denn in der Pandemiepolitik interagieren schicksalshaft schierer Zufall, also Glück/Unglück, einerseits und Geschick/Ungeschick andererseits. Wir sehen kuriose bürokratische Fehlleistungen, Dummheit und Indolenz ebenso wie kollektives Lernen, kluge Strategiewahl, intelligente Steuerung und administrative Improvisationsgabe. Das ist in jeder einzelnen Phase der Seuchenbekämpfung mikroskopisch genau zu beobachten, zuletzt etwa, wenn man das israelische, dänische oder auch serbische Impfmanagement mit dem stümperhaften und korrupten Bürokratieversagen bei der Impfplanung und -umsetzung in Österreich vergleicht.

Doch auch in Österreichs Pandemie-Management gab es, neben solch spektakulären Fällen institutioneller Unfähigkeit der Regierenden und bürokratischem Dilettieren, vielfach auch eine Seuchenbekämpfung, die durchaus den Herausforderungen gewachsen war, in Einzelfällen sogar Beispiele von Best Practices bot. Daneben gab es eine Wiederentdeckung der „science of muddling through", der Wissenschaft des

Durchwurstelns, und des „incrementalism“ beim „Fahren auf Sicht“ im dichten Nebel von Unwissen, Halbwissen und hochgradiger Ungewissheit. Umgekehrt bescherte jeder noch so kleine Wissenszuwachs, jede Eliminierung restlichen Aberglaubens, von Irrtümern und Wissenslücken rasche Erfolge steiler Lernkurven und evolutionärer „Sperrklinkeneffekte“. Denn kaum ein anderes Politikfeld wie die Seuchenbekämpfung kennt so viele feine, sich überlappende und ständig sich verschiebende Linien von kuriosem historischen und aktuellen Aberglauben, Halbwissen und immer mehr belastbarem, auch praktisch und klinisch brauchbarem Wissen.

Dementsprechend wird auch die bedeutsame, aber nicht immer unproblematische Rolle der Expertokratie in evidenzbasierter Politik erörtert. Fachleute sind es auch, die Leistungen und Versäumnisse Europas im globalen Vergleich mit Nordamerika, Ozeanien und Ostasien bewerten, ebenso wie sie internationale Vergleiche und Rankings Österreichs innerhalb der EU-27, von OECD- und UN-Europa-56 hinsichtlich unterschiedlicher Zeitpunkte und Zeiträume sowie Dimensionen evaluierten Pandemiemanagements diskutieren. So lag Österreich in einer einzigen Evaluation bis Juni an zweitbester Stelle unter 21 Ländern weltweit, in anderen Rankings dagegen auf dem 17., 19. bzw. 13. bis 15. Rang unter 31 EU- & EFTA-Staaten, oder am 23. Platz von 38 Ländern global, ab Herbst kurzeitig als „worst case worldwide“, später am 21. Rang von 22 OECD-Ländern und vorerst zuletzt (im Bloomberg COVID Resilience Ranking vom 21. Dezember 2020) an 41. Stelle von insgesamt 53 vieldimensional bewerteten Ländern in aller Welt.

Erfolg oder Versagen der Seuchenbekämpfung werden sich letztlich am Erfolg oder Versagen des Impfmanagements entscheiden. Doch Seuchenmanagement, Krisen- und Pandemiepolitik ist – wie Krieg oder Friedenserhalt, aber im Gegensatz zu fast allen anderen Politikfeldern – kein Kampf oder Regierungswettbewerb, den man verlieren darf.

Über Corona – und durch Corona-Bilder – reden

Von Beginn bis zum Schluss bemüht sich das Buch auch um Reflexionen nicht nur darüber, was wir in und mit und aus der Pandemie machen und vielleicht sogar besser machen könnten oder sollten, sondern auch, was die Seuche mit uns macht, wie man heute so salopp sagt, mit unseren Körpern, unseren Seelen, unserer Wahrnehmung, unseren Gefühlen. Und unserer Sprache, die all das nolens volens ausdrückt – oder zu verschleiern sucht.

Dabei wird etwa aufgezeigt, weshalb „Social Distancing“ ein Unbegriff ist, Unwort des Jahres 2020 hätte sein und durch „räumliches/körperliches/physisches Abstandhalten“ ersetzt werden sollen. Warum soziale Distanzierung im Sinne sozialen Fastens und Darbens sogar Vertrauen untergraben und das Risiko unachtsamer Ansteckung erhöhen, soziale Nähe umgekehrt physische Distanzierung und Rücksichtnahme erleichtern könnte. Und wie wir als gesellige Wesen aufgenötigtes leibhaftiges Abstandnehmen auf vielfältigste und raffinierteste Weisen durch höhere und persönlichere Aufmerksamkeit, durch Interesse, Fürsorge, Zuvorkommenheit, neue Arten von Höflichkeit sowie sozialer und emotionaler Nähe auszugleichen versuchen.

Und welche Gedankenlosigkeit oder gar Sprachverrohung im Corona-Sprech hörbar wird. Was bedeuten Lehnwörter aus Seuchenbekämpfung und Kriminalistik, wie das oft in aller Unschuld, inzwischen aber fast bedenkenlose Gerede von „Verdachtsfällen“, „Gemein- und Lebensgefährdern“, von „Absonderung“, „Pfleglingen“, „Vergreisung“, „abgeernteten Toten“ und anderen makaber verstörenden Slangwörtern und zynischem Jargon? Können wir nicht einfach sachlich und präzise von „Hochbetagten“, „Klärungsfällen“ oder „Quarantäne“ sprechen und nicht so, als würde es beim Infektionsgeschehen um kriminelles, verantwortungsloses, schuldhaftes oder bestenfalls unzurechnungsfähiges Verhalten gehen? Muss die Website des Sozialministeriums, die ösi-schlampig

„Isolation" von Kranken/Infizierten mit „Quarantäne" für Exponierte mit ungeklärtem Immunstatus durcheinanderbringt, von „Ansteckungsverdächtigen" reden? Dagegen dürfen die von fanatischen Impfgegnern (auch ohne alles asoziale Drängeln und Vorschummeln) als „Impfgierige" beschimpften, verlachten, mitunter sogar mordbedrohten Impfwilligen ebenso wie Impfforscher und Impfpersonal einem bewusst herabsetzenden Kampfbegriff ausgesetzt werden.

Nicht nur die Sprache, auch Bilder – etwa die unvergesslichen und gruseligen Fotos aus Bergamo Mitte März, auf denen Soldaten in Ganzkörperschutzanzügen Särge von Corona-Toten abtransportierten – bestimmen, was wir an Corona wo und wie kollektiv erinnern und was warum nicht. Das Buch beleuchtet einige Hintergründe, die bisher kaum bekannt und öffentlich diskutiert wurden. Es geht der Frage nach, was sich sofort tief in unser kollektives Gedächtnis eingebrannt hat und was wir gleich wieder verdrängt und gelöscht haben, außerhalb Italiens und weshalb. Und was es bedeutet, wenn ein Top-Experte mit schwarzem Humor festhält, dass das Infektionsrisiko der Soldaten „in Badehosen genauso null" gewesen wäre wie in voller Schutzadjustierung, weil wir heute wissen, dass an Covid-19 Verstorbene nicht infektiös sind. Wussten es die verantwortlichen Militärs nicht besser? Welche Rolle spielten und spielen medizinischer Aberglaube, Unwissen und Halbwissen bei Seuchen und gefährlichen Krankheiten bis heute und wieso ist die Abgrenzung zu vernünftiger Vorsorge oft fließend und schwierig?

Abgesehen von interessanten Informationen in behutsamer und angemessener Sprache bemüht sich das Buch um verständliche Antworten auf häufige Fragen zur Corona-Krise; genaue, evidenzbasierte Beobachtungen; Zahlen und Fakten; spannende Fallgeschichten; anregende Denkanstöße; und wohlbegründete Reflexionen und Visionen über mögliche und nachhaltige Zukünfte eines vereinteren globalen Europas. All das inmitten von Halbwissen und großen Ungewissheiten einerseits und fantastischer Wissensfortschritte, wissenschaftlicher Forschungsbefunde und steiler Lernkurven andererseits. Diesen offenen Horizont für die über hundert Fragen und Antworten zu Leben, Arbeit und Wohlfahrt in Post-Quarantimes skizziert das folgende Abschlusszitat des Buches, das als Ausblick in die wahrscheinliche Zukunft hier ausnahmsweise ausführlich wiedergegeben wird.

Eine Welt ohne oder nach – oder eine andere, vielleicht sogar bessere Welt mit Corona?

„Eine Welt *ohne* oder *nach* Corona wird es leider kaum geben, sondern wohl nur eine andere, paradoxerweise wahrscheinlich sogar viel bessere Welt *mit* Corona. Sie wird eine recht bald schon harmlos millionenfach ‚durchseuchte', zugleich mit Medikamenten und Impfstoffen besser geschützte sein. Ob in dieser Welt trotz und mit Corona letztlich vielleicht doch noch alles gut – oder jedenfalls wenigstens besser als bisher – wird, hängt neben gemeinschaftsimmunisierender Durchimpfung der Bevölkerung vor allem an voller Wiederherstellung wirtschaftlicher Normalität und aller demokratischen Rechte und bürgerlichen Freiheiten. Nur das kann die lähmende Angst und bedrückend atemabschnürende Enge dieser Episode wie einen schlimmen Fieberalbtraum erscheinen lassen. Dabei zeigte sich, was wissenschaftlicher Erfindungsgeist vermag, ohne doch Vernunft zu verbürgen und per se gegen Panik, Tunnelblick, wirtschaftliche Selbststrangulierung, kollektiven Wahn und demoralisierende Korruption zu immunisieren.

Inzwischen starben Millionen Menschen nicht nur *‚an'* oder *‚mit'*, sondern – geschätzt etwa die Hälfte mehr bis doppelt so viele – *‚ohne, aber wegen Corona'*. Ersteres könnte sich nach Maßgabe wirksamer Massendurchimpfung sehr bald, Zweiteres auf vorerst unabsehbare Zeit kaum ändern lassen, zu groß und teils unumkehrbar sind längst die bereits eingetretenen wirtschaftlichen und sozialen Folgeschäden.

Womöglich werden auch weiterhin weniger von uns am Virus und der Pandemie selbst als an den Kollateralschäden teils missglückter Versuche umfassenden Seuchenmanagements und weltweiter Massenarbeitslosigkeit gesunde Lebensjahre einbüßen und vorzeitig zu Tode kommen.

Erst eine illusionslose Kenntnisnahme erlittener Verluste und gelungene Trauerarbeit an schmerzlichen Traumata wird uns wieder frei machen für neue Lebenschancen. Erst dann kann der kreative Fokus auf die Vielfalt erreichter Wissenszugewinne, diagnostischer und therapeutischer Erfolge, steiler wissenschaftlicher und institutioneller Lernkurven die grundsätzlich zahllosen Innovationen und möglichen Kollateralnutzen in allen Lebensbereichen in den Blick nehmen. Das Entdecken ungeahnten, erstaunlichen Kollateralnutzens wird sich als wichtigster Treiber einer Welle sozialer Innovationen erweisen, die wir erwarten dürfen. Sie werden unsere Lebensqualität steigern und eine neue Balance zwischen materieller Wertschöpfung und Wohlbefinden schaffen.

Die westliche Welt hat 2020 in der Pandemiepolitik und im Seuchenmanagement großteils versagt, sowohl im globalen Vergleich mit asiatischen Ländern wie auch in der EU, bemessen an eigenen stolzen Maßstäben des Europäischen Sozialmodells. So bleibt als künftiger Vorteil nur die Chance auf rasches und nachhaltiges Lernen aus der Analyse gescheiterter Bemühungen und vergangener Misserfolge. Langfristige Frühwarnsysteme und rechtzeitige Präventionspläne, korrekte Risikobewertung und verständliche Krisenkommunikation sowie ein ‚vereinteres Europa' sind Voraussetzungen erfolgreicher Seuchenbekämpfung und einer Minimierung unvermeidlicher, aber eben nicht wie bisher ganz unverhältnismäßiger Kollateralschäden.

Es gibt keinen Grund für Pessimismus aus Prinzip. Warum sollten wir bezüglich Risikomanagement der alljährlichen Grippe- und Virensaisonen – und allgemeiner der

Hygiene und Patientensicherheit im Gesundheitssystem, in ärztlichen Wartezimmern, Ordinationen, Ambulanzen, Spitälern, geriatrischen Kliniken, in Alten- und Pflegeheimen, Reha-Einrichtungen usw. – künftig weniger erfolgreich sein als im letzten und vorletzten Jahrhundert bei den eindrucksvollen Fortschritten gegen Kindbettfieber der Mütter, Säuglings- und Kindersterblichkeit und ansteckende Krankheiten sowie in den letzten Jahrzehnten gegen tödliche und invalidisierende Verkehrs- und Arbeitsunfälle?

Doch in einer von magischen Zahlen beherrschten Copycat World wird sich ein Erfolg solcher Anstrengungen erst mit ihrer global institutionalisierten Verankerung als messbaren Größen auf Dashboards einstellen. Das gilt etwa für vorzeitige Todesfälle und verlorene gesunde Lebensjahre nicht nur bestimmter Seuchen und Krankheiten, sondern auch anderer Übel und Elends wie Massenarbeitslosigkeit, Armut, Not und Entbehrung, Hunger, Unwissen, Unglück und Verzweiflung bis zum Suizid. Noch vor Corona nahmen sich 800.000 Menschen Jahr für Jahr das ihnen als unerträglich empfundene Leben. Freilich können erst sichtbar gewordenes, erfahrbares Leid und Schmerz beachtet, berücksichtigt und wirksam bekämpft werden. Das meiste Unheil liegt, wie wir sehen werden, selbst in Pandemiezeiten weit diesseits von Corona.“

Wien, am 24. Jänner 2021
Bernd Marin

Wie ist die Corona-Krise mit HIV/Aids und anderen Pandemien im Kontext gesellschaftlichen Alterns, von Gesundheitspolitik und Seuchenmanagement zu vergleichen?

Das Einzige, was schon vor Ostern 2020 ganz sicher war, ist, dass es noch nie in der Menschheitsgeschichte so weitreichende Maßnahmen auf globaler Ebene gegeben hat. Ende März befanden sich 2,6 Milliarden, am Höhepunkt des ersten Lockdowns um den 10. April zumindest 3,5 Milliarden Menschen in Quarantäne, die 780 Millionen bis kurz zuvor isolierten und rasch reaktivierten Chinesen noch nicht mitgezählt. Und noch nie zuvor hatten wir solch einen weltweiten Wirtschaftskollaps durch Infektionsprävention.

Tatsächlich waren das HIV- und Aids-Management *der* globale gesundheitspolitische Schock der 1980er- und 1990er-Jahre. Das wurde für sechs europäische Länder im Zeitraum 1983 bis 1997 empirisch vergleichend untersucht.[1] Die Welt war völlig unvorbereitet, hat aber – sehr schmerzhaft, mit allzu großen Opfern – langsam gelernt, damit umzugehen. Und doch gibt es nach zig Millionen Toten und seuchenbedingt tiefen gesellschaftlichen Umwälzungen bisher nur Safer Sex und mehr Hygiene beim missbräuchlichen Spritzen von Drogen als Gegenmittel. Nach Jahrzehnten milliardenschwerer Forschung haben wir zwar lindernde Medikamente, aber zuletzt eine knappe Million Aids-Tote jährlich, keine Heilung und keinen Impfschutz gegen HIV.

Impfstoffe gegen SARS-CoV-2 erhofften – und erhielten – wir jetzt sehr rasch, nachdem es zuvor 18 Jahre nicht gelungen war, monoklonale Antikörper oder eine Impfung gegen *irgendeines* der Coronaviren zu entwickeln. Doch bis zu einer Gemeinschaftsimmunität bleiben vorerst weiterhin nur, wie 1918/19 bei der Spanischen Grippe, Hände waschen und körperlich Abstand halten als einzig nachweisbar wirksame Schutzmaßnahmen – außer eben breiter Durchimpfung.

Lange und häufig wurde an einem wirksamen Impfschutz gegen das Coronavirus in naher Zukunft gezweifelt. War die Skepsis unbegründet?

Wissenschaft ist organisierter und disziplinierter Skeptizismus. Doch gab es keine guten Gründe für pauschalen Pessimismus den wissenschaftlichen Erfindungsgeist betreffend, im Gegenteil. Allerdings durften wir uns nur nicht völlig und ohne Plan B auf eine rasche und breite, womöglich weltweite Durchimpfung als Allheilmittel verlassen, ebenso wenig wie man auf ein wundersames Verschwinden des SARS-CoV-2-Virus wie bei der ersten Corona-Pandemie, nämlich SARS Mitte 2003, bauen durfte. Diesmal war man weit erfolgreicher als bisher oder bei HIV/Aids. Man sollte bloß enttäuschungsfest realistisch sein: Bis zu einem effektiven Impfschutz und der Entwicklung brauchbarer Medikamente dürften 2020/21 vorerst weiter etwa doppelt so viele Menschen an Covid-19 sterben als an HIV/Aids – und derzeit mehr als an jeder anderen Infektionskrankheit. Seit 102 Jahren hat kein Virus mehr direkte – und indirekte – Todesfälle jährlich bewirkt als Corona 2020.

Denn selbst die sensationell rasche Entwicklung und Verfügbarkeit wirksamer Impfstoffe gewährleistet noch kein ausreichendes Produktionsvolumen und keine schnelle, hinreichende Impfdichte. Die 171 mit Oktober in der globalen COVAX-Allianz verbündeten Länder erwarten Impfdosen für höchstens eine Milliarde Menschen bis Ende 2021, das Serum Institut in Indien als weltgrößter Vakzinerzeuger ein ausreichendes Angebot für globale Impfungen frühestens im Jahr 2024. Aber sogar im günstigsten Fall optimaler Versorgung und Impforganisation könnte die freiwillige Nachfrage einer coronamüden und impfskeptischen Bevölkerung die bisherige Pandemiestrategie unterminieren.

Auch wirksamer Impfstoff verbürgt keine „Herdenimmunität"?

Wirksamer Impfstoff per se nicht, Impfschutz durch breite Durchimpfung sehr wohl. Ohne eine – in Österreich politisch bereits kategorisch ausgeschlossene – Impfpflicht, was angesichts des hohen Konfliktpotenzials pragmatisch natürlich Sinn macht, ist Gemeinschaftsimmunisierung (statt der unsäglichen „Herdenimmunisierung") zwar möglich, aber hochgradig unsicher. Alles hängt jetzt am Ausmaß der freiwilligen Impfbereitschaft – und zwar im Verhältnis zu den nach Krankheiten sehr variablen, medizinisch erforderlichen Immunitätsraten. So weit, so logisch.

Doch empirisch lag die Durchimpfungsrate etwa gegen Influenza bis 2019/20 in Österreich bei acht bis zehn Prozent. Gegen SARS-CoV-2 würden sich mit Stand Dezember nur noch eine Minderheit von 16 bis 19 Prozent „ganz sicher" und 39 bis 45 Prozent „eher ja" impfen lassen. Das ist erstmals keine Mehrheit mehr und deutlich niedriger als die 54 Prozent Impfbereitschaft noch Anfang August. Sie erreicht zwar unter Auflagen wie „wenn Impfstoff sicher und wirksam" und die „Impfung freiwillig" ist immer noch ein Potenzial von 56 bis 63 Prozent.[2] Doch das kontrastiert auffällig mit der Stimmung im Mai, als eine 55-Prozent-Mehrheit sogar für eine „Impfpflicht für alle" gegen Corona optierte, bei der Generation 60+ sogar 69 Prozent.[3]

Und wie steht es um die nötige freiwillige Impfbereitschaft?

Das Austrian Corona Panel Project[4] ist die weitaus beste und umfassendste Forschungsbegleitung zur Krise. Es hat auch „die Erosion der Impfbereitschaft in der österreichischen Bevölkerung" von Mai bis Ende Oktober von 48,2 auf 33,8 Prozent und ein spiegelbildliches Anwachsen von Impfwiderstand konstatiert sowie ihre Gründe dargelegt und als „alarmierende [...] fundamentale Fehlentwicklung" analysiert.[5] Es zeigte sich, wie stark die sinkende Impfbereitschaft mit der sinkenden Zufriedenheit mit der Regierung korrelierte.

Mittelfristig dürfte die Impfbereitschaft wohl schwanken, mal über, mal unter dem erforderlichen Grenzwert zum

Erreichen von Gemeinschaftsimmunität, bleiben. Der ist bei Corona zudem laut WHO einmal mit 50 bis 85, dann wieder mit 60 bis 75 Prozent selbst allzu breit geschätzt und spiegelt so nur den derzeitigen Mangel an nötigem solidem Wissen wider. Daher ist angesichts der Zwiespältigkeiten, Widersprüche sowie rasch wechselnden und labilen Stimmungen der Ausgang der Auseinandersetzung um Immunisierung durch Massenimpfung statt naturwüchsiger Durchseuchung völlig offen und von der Überzeugungskraft von Befürwortern und strikten Impfgegnern abhängig. Optimistische Impfspezialisten sagen, „sind 75 Prozent der Risikopersonen geimpft, könnte der Spuk vorbei sein".[6]

Optimismus ist begründbar. So hat beispielsweise die Wiener Gratis-Grippeimpfaktion bis Ende Oktober zu einer Vervierfachung der früheren und einer Verdoppelung der Impfbereitschaft gegenüber Restösterreich geführt. Das gelang vor allem bei den über Sechzig- und unter Dreißigjährigen, wobei Bildungs-, Beschäftigungs- und Geschlechtsunterschiede geringer waren als in den anderen Bundesländern.[7] Auch in Salzburg hat sich die Grippeimpfbereitschaft bis Dezember von zuvor acht auf 32 Prozent vervierfacht. Und die überwältigende Mehrheit von 77 Prozent für eine Impfpflicht gegen Masern bei Kindern im Jahr 2019 zeigt, dass selbst rigorose Regeln mehrheitsfähig sein können. Insgesamt stehen bis zu siebzig Prozent meist „eher", aber unsicher Impfwilligen rund dreißig Prozent Ablehnenden, davon aber nur sieben Prozent „vollkommen" (bei Corona 18 %) Ablehnenden, gegenüber.

Also eine Auseinandersetzung um Massenimpfung mit offenem Ausgang?

Ja. Und je unkontrollierbarer das Infektionsgeschehen, je kürzer der Zeithorizont für Handlungszwang und je erschöpfter unsere Geduld, umso höher der soziale Druck und desto schärfer die Konflikte. Die Fronten verlaufen zwischen Befürwortern von ultraliberalem Laissez-faire gegen „Zwangsimpfungen", also Impfgegnern und Impfverweigerern einerseits vs. Proponenten von Impfrechten (etwa auf zeitgerechte und kostenlose Impfung) und Impfpflichten (etwa gegen hochinfektiöse und lebensgefährliche Krankheiten oder bei unzureichender freiwilliger Impfbereitschaft) – oder auch nur von an einen Immunitätsausweis oder Impfpass gebundenen abgestuften Teilnahmerechten – andererseits. Dazwischen die entscheidende Gruppe der Verunsicherten und Unentschiedenen, der noch Abwartenden, der zögerlichen Impfskeptiker bis hin zu den grundsätzlich Impfbereiten.

Eine langfristig-historische Sicht erlaubte mehr Gelassenheit und Zuversicht. So lehrt ein Blick in die Seuchengeschichte, dass auch eine spätere statt der erhofften raschen Durchimpfung keineswegs Verzweiflung auslösen müsste. Die Pest ist jetzt seit genau 300 Jahren – zuletzt wütete sie 1721 im Süden Frankreichs, in der Provence – aus Europa verschwunden, obwohl sie erst Mitte des 20. Jahrhunderts mit Antibiotika behandelt werden konnte. Cholera, Typhus und die „Schwindsucht" Tuberkulose gingen seit Ende des 19. Jahrhunderts stark zurück – ebenfalls lange vor verfügbaren Medikamenten zur Therapie. Und wie bei HIV/Aids gibt es gegen Malaria, mit der ein Drittel der Weltbevölkerung infiziert sein dürfte, bis heute zwar keine Impfung, aber Medikamente, wenngleich von der WHO zuletzt 416.000 Todesfälle (2019) registriert wurden. Auch die immer noch 954.000 Aids-Toten jährlich variieren dramatisch je nach Infektionsraten zwischen 0,2 Prozent in Europa und 26 Prozent in Swasiland – und vor allem auch nach medizinischen Behandlungsressourcen.

Der häufige Vergleich von Corona mit der Spanischen Grippe verbietet sich angesichts der Fakten völlig. Anders als die Grippeviren 1918, die erst Jahrzehnte später als Todesursache identifiziert wurden, wurde SARS-CoV-2 im Jahr 2020 innerhalb von bloß zwei Wochen als Verursacher erkannt, sein Genom sequenzialisiert, die wahrscheinlichsten Übertragungswege festgestellt und diese Befunde chinesischer Forschungsteams sofort weltweit für weitere Studien, Medikamenten- und Impfstoffentwicklung verfügbar gemacht – mit großem globalen Erfolg. So wenig wir zu Beginn der Pandemie wussten, der Wissensfortschritt über das Virus war rasend schnell und exponentiell wie die Virenverbreitung selbst.

Sofern die Seuchenbekämpfung nicht unnötig hoffnungslos hinter den bereits erzielten und weiter erwartbaren medizinischen Errungenschaften zurückbleibt, muss uns nicht bange sein, selbst wenn eine ausreichende Durchimpfung noch ein wenig auf sich warten ließe.[8] Ob allerdings in einer müden und zermürbten Bevölkerung Impfwillige ausreichend Geduld mit den als verantwortungslose „Schwarzfahrer", „Trittbrettfahrer" und „Gemeinwohlgefährder" wahrgenommenen Impfverweigerern haben – und fanatische Impfgegner umgekehrt mit den als „Impfgierige" beschimpften, verlachten, mitunter mordbedrohten Impfbereiten –, wird über die Friedfertigkeit oder Zuspitzung bis zu potenzieller Gewalttätigkeit des Konfliktpotenzials entscheiden.

Haben wir vor einer breiten Durchimpfung nichts als „soziale Distanzierung", um uns vor der Seuche zu schützen?

Nein, überhaupt nicht. Zwar gibt es außer Immunisierung nichts, was infektiologisch besser schützt als körperlich Abstand halten und Hände waschen; aber soziale Distanzierung im Sinne eines sozialen Fastens und Darbens ist nicht ratsam. Im Gegenteil: Soziale Distanzierung kann Vertrauen untergraben und somit das Risiko unachtsamer Ansteckung erhöhen, soziale Nähe umgekehrt physisches Abstandhalten und Rücksichtnahme erleichtern.

Patrick Kenis, Co-Autor des AIDS-Management-Buchs 1997, hat gerade erst – fast prophetisch! – den Ausbruch eines fiktiven New Asian Corona Virus (NAC) simuliert, kurz vor Ausbruch der echten Covid-19-Pandemie.[9] In einem

Schreiben an den Herausgeber von *The Economist* schlug er vor, den Begriff *physische Distanzierung* statt *sozialer Distanzierung* zu verwenden. Als Soziologe sei er „verblüfft über die vielen Wege, die Menschen finden, um soziale Distanz zu überwinden, während sie gleichzeitig physisch Distanz halten müssen".[10]

Tatsächlich ist eines der auffälligsten Merkmale bei leibhaftiger, körperlicher und räumlicher Distanzierung eine gleichzeitig erhöhte persönlichere Aufmerksamkeit, Interesse, Fürsorge, Achtsamkeit, Zuvorkommenheit, Sanftmut, eine neue Art von Höflichkeit, ja sogar Zärtlichkeit, Zuneigung und Solidarität. Körperliche oder physische Distanzierung scheint oft durch geradezu demonstrative soziale Nähe und emotionale Kumpelhaftigkeit kompensiert, gelegentlich sogar überkompensiert zu werden. Körperliche Distanzierung, die durch soziale Annäherung ausgeglichen wird, kann dazu beitragen, den Zusammenhalt und die Moral der Gesellschaft in Zeiten der Quarantäne aufrechtzuerhalten oder gar zu stärken.

Also „räumlicher Abstand" statt „soziale Distanzierung"?

Ja, verwenden wir Begriffe wie *körperliche/räumliche/physische Distanzierung* und nehmen wir auch eine *gleichzeitige soziale, psychologische* und manchmal sogar *emotionale Annäherung* zur Kenntnis. Sie gleicht die bei Vertrauten, Familienangehörigen und Verwandten, Freunden und Bekannten – und Gästen – häufig unangenehme physische Distanzierung und zwischenmenschliches Unbehagen aus. Warum sprechen wir dann aber nur von „Abstandsregeln" statt von „Näheregeln", wenn es um Vorgaben geht, wie wir einander nahe sein können, ohne vermeidbare Ansteckungsrisken und sinnvolle Gesundheitsauflagen zu missachten? Mein Lehrer Leopold Rosenmayr schuf den hier passenden Begriff *intimité à distance*.

Im Habibi & Hawara etwa, Wiens erstem Restaurant „von Geflüchteten für ÖsterreicherInnen", werden die „Corona-

Spielregeln für ein sicheres Miteinander" als „orientalische Gastfreundschaft gewürzt mit Wiener Schmäh" durch „Herzlichkeit statt Händedruck" formuliert – und die aktuellen Corona-Testergebnisse aller 23 Mitarbeiter*innen mit Namen und Fotos auf der Website publiziert. Das ist soziale Nähe mit Respektabstand. In jedem Fall ist „soziale Distanzierung" eine echte Fehlbezeichnung und sollte das „Unwort" des Jahres 2020 sein.

Ist so ein Corona-Sprech bloß Gedankenlosigkeit oder schon Sprachverrohung?

Vielleicht eher Ersteres oder etwas von beidem, ich will das nicht werten. Ganz allgemein hat sich mit der Pandemie, vorerst weithin unbemerkt, ein Sprachgebrauch mit Lehnwörtern aus der Seuchenbekämpfung und Kriminalistik eingeschlichen, der vielen von uns zu Recht unheimlich ist. Sie stigmatisieren völlig unschuldig Betroffene und vergiften die gesellschaftliche Atmosphäre mit makaber verstörenden Slangwörtern und zynischem Jargon. Da ist, meist in aller Unschuld, inzwischen aber fast bedenkenlos, von „Verdachtsfällen" und „Gefährdern" oder gar „Lebensgefährdern" die Rede, von „Absonderung", „Pfleglingen", „Vergreisung", „abgeernteten" Toten und anderem.

Das ist so, als würde es um ein Kriminalgeschehen, um verantwortungsloses, schuldhaftes oder unzurechnungsfähiges Verhalten gehen, als würden sachliche Begriffe wie „Hochbetagte", „Klärungsfall" oder „Quarantäne" nicht präzise genug sein. Sogar die Website des Sozialministeriums spricht von „Ansteckungsverdächtigen", wenn sie im Übrigen ösi-schlampig „Isolation" von Kranken/Infizierten mit „Quarantäne" für Exponierte mit ungeklärtem Immunstatus vermengt.

Und was es mit älteren Menschen mit oder ohne sogenannten „Vorerkrankungen" macht, wenn sie allein wegen ihres Alters als besonders schützenswerte – und das heißt sowohl zulasten anderer bevorzugt anspruchsberechtigter wie auch gegen ihren Willen bevormundeter – „Hochrisikogruppen“ bezeichnet werden, zeigen die schmerzlichen Aufschreie jener wenigen, deren Stimmen im Namen der Alten noch nicht ganz eingeschüchtert und verstummt sind – und Meinungsumfragen.[11] Demnach lehnen 64 Prozent, das sind weit über eine Million Österreicher über sechzig, den Begriff „Risikogruppe“ für über 65-Jährige als „diskriminierend“ oder „unpassend“ ab.

Von der EU bis zur WHO wurden Pandemie-Notfälle simuliert: Warum scheinen wir trotzdem von der Corona-Krise unvorbereitet getroffen – ohne Vorkehrungen gegen ein aggressives und hochinfektiöses Virus?

Systematische Vorbereitungen gegen eine neue SARS-Corona-Pandemie gab es seit 2003, aber nur in Asien – und auf der Ebene intergouvernementaler Organisationen und vereinzelter Nationalstaaten in der EU. So hat etwa der Deutsche Bundestag 2013 zumindest ein Szenario diskutiert und durchgespielt. Im März 2019 sagte der Epidemiologe Peng Zhou aus Wuhan, dass es mit Sicherheit sehr bald zu einer neuen Corona-Pandemie mit Hotspot in China kommen werde, bloß der genaue Ort und die Zeit seien noch nicht bestimmbar. Nur neun Monate später traf das Ereignis wie prognostiziert ein. Und doch hat uns Covid-19 in der Politik im Gegensatz zur Wissenschaft fast unvorbereitet getroffen.

Zwischen der Alarmmeldung vom 31. Dezember 2019 aus Wuhan an die WHO und den ersten Maßnahmen in Europa Ende Februar bis Mitte März ging kostbarste Zeit verloren – unfassbare acht bis zehn Wochen fast ohne Vorkehrungen. Während Ende Jänner die tatsächlichen globalen Infektionen bereits eine Million überschritten haben könnten,[12] waren die offiziellen Zahlen noch verschwindend gering, weshalb die Existenz des Virus kaum beachtet oder Handlungsbedarf erkannt wurde. Frühwarnung und transnationale Koordination hätten uns alle Lockdowns ersparen können.

So hat etwa Taiwan noch am selben Tag seine 124 wohlvorbereiteten Präventivmaßnahmen erfolgreich in Gang gesetzt und die Seuche ohne jeden Shutdown gut in Schach gehalten, wie andere asiatische Tigerstaaten auch. 24 Millionen Menschen, nur 150 Kilometer vom chinesischen Festland entfernt, mit direkten Flugverbindungen von Wuhan, konnten die Infektionen bei einigen hundert Fällen und die Todesfälle auf nur sieben Tote beschränken – ohne jedes Abschalten der Wirtschaft. Japan hatte mit 126,5 Millionen weltweit ältesten Einwohnern und ohne Shutdown bis Mitte November weniger Tote in Absolutzahlen zu beklagen als Österreich bloß in seinen zwei Lockdowns.

Waren nur reiche asiatische Länder mit Pandemie-Vorerfahrung gewappnet?

Nein, auch ärmere Länder zeigten sich wohlvorbereitet und erfolgreich. Thailand etwa hatte bei siebzig Millionen Einwohnern bis Ende Oktober 2020 nur sechzig Tote, Vietnam mit 96 Millionen nur 35 Tote, weil es 2002/2003 schwer vom SARS-Virus getroffen war und aus dem Schock Lehren gezogen hatte. So wurden – wie im reichen Japan, Taiwan, Südkorea, Singapur und Hongkong – das Gesundheitswesen ausgebaut, Fachpersonal seuchenbewährt ausgebildet und Pandemiepläne erstellt, genug Masken und Schutzkleidung gelagert, Quarantänehotels eingerichtet usw.

Selbst ärmste Länder in Afrika wussten ihre medizinische Infrastruktur aus anderen Epidemien auch gegen SARS-CoV-2 zu nutzen: Ruanda (29 Tote) nutzte die Erfahrungen im Kampf gegen HIV/Aids, Liberia (82 Tote) und Sierra Leone (72 Tote) – eines der ärmsten Länder mit einer der geringsten Lebenserwartungen weltweit – wandten rigorose Isolation und Quarantäne aus dem Seuchenmanagement der tödlichen Ebolaerkrankung an. Der Kongo wurde 2019 gleichzeitig von fünf Epidemien heimgesucht: Ebola, Cholera, Pest, Malaria und dem weltweit größten Masernausbruch, der bis heute nicht eingedämmt ist. Lernerfahrungen mit früheren Seuchen haben unter 1,3 Milliarden Afrikanern bis November zu rund 45.000 Covid-Todesfällen geführt, gegenüber 75.000 bis Ende 2020 im zwanzigmal bevölkerungsärmeren Vereinigten Königreich.

Hingegen war – in auffallendem Gegensatz zu Asien und krisenerprobten afrikanischen Ländern – im reichen Europa und in den USA ein wahres Fiasko, ein Trauerspiel an Überforderung und Inkompetenz zu beobachten: erst Winterschlaf und Leugnung, dann Schockstarre, die schließlich innerhalb weniger Tage in Pandemie-Panik und teils konfuse, teils aufgeklärte Betriebsamkeit kippte. Man sah teils verwirrte Zickzackmanöver, teils entschlossenere Regierungsaktionen, doch all das noch inmitten einer andauernden Ballsaison und eines Karnevals- und Faschingsrummels – von der Mainzer Fastnacht über den Wiener Opernball bis zum Karneval von Venedig, der erst zwei Tage vor Faschingsdienstag abgesagt wurde.

All das wiederholte sich im Herbst geradezu zwanghaft nach einem monatelangen Sommernachtstraum verlockender Lockerungen, wobei wiederum der diesmal im Frühjahr gewonnene Zeitvorsprung völlig verspielt wurde. Wie zum Hohn schossen die Infektionen in Europa und den USA trotz immer strengerer Reisebeschränkungen Anfang Oktober in die Höhe, als 637 Millionen Chinesen bereits weitgehend maskenlos in der „Goldenen Woche" verreisten und Ansteckungen sich auf ein Dutzend „importierter Fälle" täglich reduzierten.

Wie erklärt man, was viele die „italienische Tragödie" nennen? Und was ist mit Donald Trumps „China-Virus"-Verbindung?

Italien verdient eine eigene Analyse, da es sowohl ein einzigartiger Sonderfall als auch ein archetypisches Musterbeispiel für einen tragischen Pandemieverlauf ist. Dabei wäre zunächst auf weit verbreitete Spekulationen über eine von

Donald Trump ständig kolportierte „China-Virus"-Verbindung zu antworten und dann sowohl auf einige unglückliche Umstände als auch auf einige selbstverschuldete Mängel im Management der Krise einzugehen. Doch insgesamt kann die italienische Tragödie nicht vollständig verstanden werden, ohne das historische Versagen der anderen EU-Mitgliedstaaten, Italien beizustehen, als es mit Elend und lebensbedrohlicher Knappheit an medizinischen Gütern, Ausrüstungen und Personal konfrontiert war und über den EU-Zivil- und Katastrophenschutzmechanismus um Hilfe rief.

In einem wirklich beispiellosen, einzigartigen Zusammenbruch der vielbeschworenen, de facto ohnedies nur rudimentär vorhandenen europäischen Solidarität hörte kein einziger Mitgliedstaat das Plädoyer der Europäischen Kommission und unterstützte jenes EU-Land, das zuerst und am stärksten von der Seuche getroffen war, mit dringend benötigten medizinischen Geräten – und Gesundheitspersonal. Während wir Europäer zutiefst schockiert waren über das, was wir nur einen Monat später in Bergamo und der Lombardei sehen mussten, scheinen wir uns für das, was in Norditalien geschah, noch weniger verantwortlich zu fühlen als eine Generation vorher für die Vorkommnisse in Sarajevo und Sebrenica.

Bis Ende März spekulierten Medien in Italien und ganz Europa, darunter auch seriöse – und sogar einige Fachleute –, über eine zunächst nicht unplausible Hypothese, wonach chinesische Arbeitnehmer, sowohl legale als auch illegale, als sie von ihren Neujahrsfeiertagen und -festen (25. Jänner bis 11. Februar) zurückkehrten, das Virus nach Italien eingeschleppt haben könnten. Mit 29. Jänner, mehr als drei Wochen bevor Italien die ersten Corona-Toten innerhalb EU-Europas beklagen musste, aktivierte die EU ihren Krisenmechanismus. Tatsächlich ahnte zu diesem Zeitpunkt fast niemand, was bald zunächst in Italien und dann in ganz Europa passieren würde.

Solange nämlich alle damals nur acht (8!) Infektionsfälle in ganz Europa (vier in Frankreich und vier in Deutschland) entdeckt worden waren und solange ausnahmslos alle auf Reisen aus der chinesischen Provinz Hubei zurückgeführt werden konnten, war eine gewisse Leichtfertigkeit gegenüber Corona in Europa und eine gewisse Besessenheit gegenüber dem fernen China durchaus verständlich.

Also gab es eine „China-Virus-Invasion" mit oder ohne Chinesen?

Die italienischen rechten und rechtsextremen Parteien wie Matteo Salvinis Lega, Fratelli d'Italia und Silvio Berlusconis Forza Italia haben den Pauschalverdacht einer chinesischen Virusinvasion politisch aufgestachelt, und in Wien übernahm Herr Strache ihre Argumentation. Weiters begannen sie, wo immer sie lokal oder regional an der Macht waren, umfangreiche Covid-19-Testungen aller ortsansässigen chinesischen Einwohner zu organisieren. Damit verfügen wir nun über einige empirische Evidenz, die interessanterweise den verallgemeinerten Verdacht gegen chinesische Mitbewohner widerlegte.

Zwischenergebnis ist, dass es trotz großer Bemühungen, einen chinesischen „Nullpatienten" zu finden, keinen solchen gab, der die Krankheit nachweislich ausgelöst hätte. Durch umfassende Tests der lokalen Populationen in frühen Hotspots wie Vo' Euganeo und Codogno konnte kein einziger (!) mit Covid-19 infizierter Chinese aufgefunden werden. Darüber hinaus gab es deutlich unterdurchschnittliche chinesische Bevölkerungsanteile in Corona-Hotspots wie Bergamo und Brescia; umgekehrt gab es in chinesischen „Hochburgen" wie Mailand und Prato mit einer registrierten chinesischen Bevölkerung von 40.438 bzw. 25.768 Personen eine stark unterdurchschnittliche Corona-Kontaminationsrate.

Die offiziellen chinesischen Einwohner in Prato entsprechen 9,99 Prozent der lokalen Bevölkerung. Es ist dies die anteilsmäßig mit Abstand größte chinesische Gemeinde in ganz Italien. Trotzdem war sie von der Corona-Krise kaum betroffen: Anfang Mai gab es nur 178 bestätigte Fälle von SARS-CoV-2-Infektionen, eine Ansteckungsrate von 0,07 Prozent. Im Hotspot Bergamo mit seiner winzigen chinesischen Gemeinde von 0,4 Prozent chinesischem Bevölkerungsanteil waren neunmal (!) mehr Menschen mit dem Coronavirus infiziert als in Prato, das oft als „Italiens Chinatown" bezeichnet wird, und mehr als dreimal so viele wie in Mailand.

Das betrifft aber doch nur die reguläre chinesische Migration und legalen Aufenthalt in Italien?

Ja, das ist ein wichtiger Punkt, weil wir fragen müssen: Könnte es nicht zusätzlich abertausende irreguläre chinesische Arbeiter allein in und um Prato geben, vielleicht sogar hunderttausende in ganz Italien, insbesondere im Norden – im Piemont, in der Lombardei und in Venetien? Und wenn ja, wie würde sich dies auf die bisherigen Ergebnisse auswirken?

In der Tat erfassen offizielle Statistiken möglicherweise nicht vollständig alle in Italien lebenden Chinesen, und Geschichten darüber sind nicht nur urbane Legenden. Aber was auch immer die Antwort sein mag, sie könnte die dargelegte Argumentation nur entweder bestätigen oder sogar verstärken. Denn je größer die Zahl der illegal in Italien lebenden und arbeitenden chinesischen Einwohner ist, wie wahrscheinlich auch um Prato, desto stärker gilt der empirische Zusammenhang: Je mehr Chinesen in einer Stadt oder Region leben, desto weniger nachweisliche SARS-CoV-2-Infektionen gab es in diesen Gebieten. Was durch feindselige Vorurteile im Trump-Stil als „China-Virus" bezeichnet wurde, schien sich in ganz Norditalien, wo fast alle Chinesen leben, fast ohne chinesische Beteiligung an der Ansteckung verbreitet zu haben.

Was wissen wir noch und was wissen wir nicht über vermutete Ansteckungsursprünge?

Angesichts der bisher präsentierten Stücke an Halbwissen[13] bleiben große Rätsel bestehen. Woher kommt die katastrophale Epidemieentwicklung in Italien, die europaweit zum Symbol für die Corona-Tragödie im reichen Norden geworden ist? Und wie ist die Beziehung zu China, das zuerst vom Virus heimgesucht wurde, und seinem regen Verkehr von tausenden chinesischen und europäischen Reisenden *in giro* von und zurück nach Europa und Italien? Um ehrlich zu sein, wir wissen es einfach (noch?) nicht. Was wir sicher wissen, ist, dass der 38-jährige Mann, der italienische *paziente uno,* in Codogno wiederholt ohne Test aus der Ambulanz des örtlichen Krankenhauses weggeschickt worden war, weil er „in letzter Zeit nicht in China gewesen ist"!

Bezeichnenderweise war dies genau die gleiche Einstellung und sogar der gleiche Wortlaut, mit dem dem „Patienten null" in Wien die Testung auf SARS-CoV-2 verweigert wurde – bloß mit dem kleinen feinen Unterschied, dass die Behörden in Codogno „nur" 36 Stunden Zeit und weniger zusätzliche Infektionen vor der Korrektur ihrer Dummheit in Anspruch nahmen. Der Wiener „Patient null" hingegen lag bereits neun (!) Tage auf einer Intensivstation, bevor ihn das medizinische Personal auf Covid-19 testete, während er weiterhin auf eine vermeintliche schwere Grippe hin behandelt wurde. Offensichtlich funktionieren bürokratische Einfalt und Ignoranz gut und ohne Grenzen über Länder hinweg.

Unbestritten ist auch, dass ein chinesisches Touristenehepaar um Hilfe und Test gebeten hat, als bei den beiden am 28. Januar in Rom Symptome von Covid-19 auftraten. Da sie sogleich als positiv identifiziert wurden, konnten Isolierungsmaßnahmen sofort umgesetzt und die Infektionskette effektiv unterbrochen werden. Folglich war weder in Rom noch in der umliegenden Region Latium eine relevante Ausbreitung von Ansteckungen zu beobachten. Im Gegensatz zum falschen Bericht der Internet-Enzyklopädie Wikipedia waren sie tatsächlich nicht die „Patienten null", die die Pandemie nach Italien brachten.

Die zwei chinesischen Touristen haben offensichtlich SARS-CoV-2 nicht nur nicht verbreitet, sondern dazu beigetragen, es sofort einzudämmen. Dennoch hat der von den Medien gemeldete Fall und die kurze und enge Aufmerksamkeitsspanne der breiten Öffentlichkeit dazu beigetragen, ein Vorurteil über vermutete entscheidende chinesische Spuren der Corona-Pandemie in Italien weiter zu verbreiten. Dass nämlich die beiden Chinesen einen Monat lang (vom 28. Januar bis zum 21. Februar) die einzigen Fälle in ganz Italien blieben, in denen auf einen angekündigten Ausbruch der Epidemie gewartet wurde, verstärkte verständlicherweise diese Fehlwahrnehmung.

Wie sieht es mit Fehlern seitens der Regierungsbehörden auf nationaler und lokaler Ebene in der frühen Phase der Pandemie aus?

Es ist keine Frage, dass es schwerwiegende institutionelle Fehler in Italien wie in vielen anderen Ländern gab. Überall in der Europäischen Union (EU-27) und auch in der UN-Europäischen Region von 56 UNO-Mitgliedsländern war viel Missmanagement zu beobachten. Die einzelnen Mitgliedstaaten der EU oder Vereinten Nationen unterschieden sich durch ihre Mischung aus Glück oder Pech, günstigen oder unglücklichen Umständen einerseits und mehr oder weniger geschicktem operativem Handling bzw. klugen strategischen Entscheidungen andererseits.

Zweifellos waren einige Schäden und Schmerzen selbstverschuldet. Eine Schlüsselentscheidung des Außenministers von Cinque Stelle, Luigi Di Maio, scheint völlig zurückgeschlagen zu haben, und zwar gegen alle Absicht und Erfahrung, gegen Intention und Intuition. Er hatte Anfang Februar stolz verkündet, als erstes Land in Europa Direktflüge von und nach China einzustellen. Paradoxerweise könnte dies die italienische Bevölkerung nicht nur nicht geschützt, sondern ihre Gesundheit sogar zusätzlich gefährdet haben. Denn unzählige Geschäftsleute, insbesondere aus dem wirtschaftlich dynamischen Norden, reisten noch viele Wochen lang uneingeschränkt nach China und zurück. Ihre Umwege und vielfältigen Transferverbindungen über europäische Flughäfen in Deutschland, Frankreich, der Schweiz, Österreich usw. konnten nachträglich kaum mehr rückverfolgt werden, sofern sie überhaupt jemals als Virusträger identifiziert und getestet wurden. Am Ende wusste niemand mehr, wer aus welchen Risikozonen in China eingereist war und – meist asymptomatisch – viele andere unentdeckt infiziert haben könnte.

Wie kam es zum exponentiellen Infektionsgeschehen?

Es scheint nun sicher zu sein, dass das Virus noch vor dem *giorno zero* am 26. Januar fast zwei Monate lang in Mailand und der Lombardei völlig unerkannt zirkulierte. Menschen wurden wegen einer vermeintlich normalen Grippe behandelt, bevor „Patient eins" schließlich am 22. Februar in Codogno getestet und als infiziert bestätigt wurde. Nur etwas mehr als einen Monat später, Ende März, waren statt bloß zwei (2!) Fällen bereits 105.792 Menschen offiziell infiziert. Und nur zwei Monate später, nach dem allerersten Todesfall durch Covid-19, waren in der Lombardei rund 75.000 und in Italien mehr als 205.000 Personen amtlich als infiziert gemeldet; und zehntausende Menschen sind gestorben.

Es war nichts wirklich Einzigartiges an der Dynamik der Ereignisse in Italien, außer dass Italien (noch vor Frankreich und Spanien) das Unglück hatte, bis zu einem Vierteljahr früher als das Nachbarland Österreich von der Pandemie schwer getroffen zu werden. Das ergab ein entsprechend schneeballartiges exponentielles Wachstum und danach einen zunehmend unüberschaubaren und unbeherrschbaren Pool an Infektionen.

Die genau gleiche Fehlwahrnehmung von nicht getesteten Covid-19-Patienten und ihrer Fehlbehandlung wegen normaler Influenza wie anderswo in Europa hatte in Italien viel dramatischere Konsequenzen, aus dem reinen Pech nicht zeitgleichen Timings. Die Tatsache, dass die ersten offiziellen Todesfälle in Italien nicht vor dem 21. Februar auftraten, das heißt ziemlich spät nach dem niemals identifizierten „Patienten null"; und zweitens, dass Menschen, die später in der Quarantäne außerhalb von Krankenhäusern starben, wahrscheinlich nicht als Todesfälle durch oder mit dem Coronavirus gezählt wurden – beide Faktoren mussten zu einer bedeutenden Unterschätzung des Schweregrades der Pandemie in ihren frühen Stadien beigetragen haben.

Welches Unglück und welches Ungeschick bzw. Missmanagement war zu beobachten?

Nun, einige Voraussetzungen machten Italien ohne seine Schuld zu einem vortrefflichen Ziel für das Virus, viel mehr als andere europäische Länder. Dies reicht von einem der weltweit höchsten Durchschnittsalter (46,3 Jahre) über ein entsprechend hohes mittleres Alter der Infizierten (63 Jahre) bis zum weit verbreiteten „Hotel Mama"-Phänomen, wo mehrere Generationen mangels Arbeitsplätzen, Einkommen und leistbarem Wohnen für junge Menschen unter einem Dach leben. Fast jeder vierte Italiener im Alter von dreißig bis 49 Jahren lebt mit Eltern *und* Kindern an ein und demselben Ort, gegenüber einem von zwanzig Österreichern: 25 Prozent im Vergleich zu fünf Prozent, die tagtäglich mit einer viel größeren Gefahr der Ansteckung von „Risikoaltersgruppen" leben müssen.

Andere erwähnte Unglücksfaktoren waren eher spekulativ: sie reichen von weitverbreiteten Resistenzen gegen Antibiotika bis hin zu hoher Luftverschmutzung in der Pianura Padana. Schließlich gab es strukturelle Versäumnisse, die ursprünglich selbst verursacht waren, aber durch Pech alarmierend schnell verstärkt und in ihrer Wirkung vervielfacht wurden: Der langfristige Mangel an Intensivstationen (Österreich verfügte über das Dreieinhalbfache der Ressourcen Italiens) wurde erst mit dem exponentiellen Wachstum der Infektionen im Februar und März kritisch, als es zu einer raschen Totalüberlastung der begrenzten Intensive-Care-Unit-(ICU-)Kapazitäten kam. Schon lange vor der Corona-Krise waren italienische Krankenhäuser als gefährlichste Orte für Tod durch Krankenhauskeime bekannt, mit mehr als 10.000 Opfern pro Jahr – das heißt ein etwa um bis zu 600 bis 700 Prozent höheres Risiko als in deutschen und österreichischen Krankenhäusern.

Zusammen mit dem neuen Virus entwickelte sich daraus eine äußerst gefährliche, tödliche Kombination, die Krankenstationen zu lebensbedrohlichen Aufenthaltsorten für Menschen mit fragilem Gesundheitszustand machte. Schließlich gab es zwar überall in der Europäischen Union einen dramatischen Mangel an Schutzkleidung, Masken, Testkits usw. Aber allein aufgrund der frühzeitigen enormen Übernachfrage seitens des medizinischen und Pflegepersonals führte dieser Mangel an Ausrüstung für die Gesundheitsberufe zu einer überwältigend hohen Infektionsrate bei Ärzten, Krankenschwestern und Pflegekräften (in Italien *badante* genannt).

Heilberufe als Superspreader und Corona-Opfer?

Ja, sobald dieser Teufelskreis in Gang gesetzt war, herrschte eine destruktive Eigendynamik vor: eine hohe Anzahl und Dichte an Infektionen beim Gesundheitspersonal führte wiederum zu einer starken Ausbreitung des Virus vom medizinischen Personal als ersten Superspreader auf fragile Patienten, insbesondere in Krankenhäusern und Altersheimen. In Bergamo waren zwanzig Prozent der Ärzte und des Gesundheitsmetiers infiziert – von denen wiederum zehn Prozent starben – verglichen mit einer Kontaminationsrate von nur einem Prozent und fast keinen tödlichen Opfern beim medizinischen Personal in Österreich. In Italien wurden in der ersten Welle mehr als 10.000 Ärztinnen und Ärzte bzw. Schwestern und Krankenpfleger infiziert. Und einer von sieben Covid-19-Patienten in Spanien arbeitete im Gesundheitssektor.

Abgesehen von der unbeabsichtigten Ausbreitung der Krankheit durch asymptomatisches oder noch nicht identifiziertes medizinisches Personal, mussten Ärzte und Pflegekräfte, sobald sie als Träger des Virus identifiziert worden waren, genauso isoliert werden wie alle anderen Bürger. Und eine weit verbreitete Quarantäne in Krankenhäusern und Stationen wiederum beschleunigte den Zusammenbruch kritischer Gesundheitsinfrastrukturen, insbesondere in den Regionen Lateineuropas.

Was sagen uns die unvergesslichen und gruseligen Bilder aus Bergamo?

Der Zusammenbruch des medizinischen Versorgungssystems, insbesondere aber der Intensivstationen, bewirkte eine tiefe Verzweiflung des Gesundheitspersonals. Zum Zeitpunkt Mitte März gab es gegenüber den üblicherweise täglich 1650 (jährlich 600.000) Toten eine dramatische Übersterblichkeit von etwa sechzig Prozent oder tausend zusätzlichen Todesfällen am Tag. Die gleichzeitigen Streiks bzw. Quarantäne des Bestattungspersonals führten in Bergamo dazu, dass sechzig Leichen in plombierten Särgen und biologisch abbaubaren Säcken in Kolonnen von Militärtransportern in benachbarte Orte gebracht werden mussten. Doch obschon diese schrecklichen Ereignisse nur einmalig in Bergamo und sonst nirgendwo anders in norditalienischen Hotspots stattfanden, haben sich diese gruseligen Bilder sofort tief in unser kollektives Gedächtnis eingegraben: Neun Soldaten in Ganzkörperschutzanzügen, die den Sarg eines Corona-Toten in Bergamo abtransportieren. Das Militär musste mit Lkw-Zügen einspringen, weil siebzig Prozent der zehn lokalen Bestatter im März ihre Arbeit niederlegten. Ob sie aus panischer Angst vor Ansteckung durch Leichen in Särgen oder wegen vermeintlich unzureichender Schutzkleidung im Vergleich mit dem Gesundheitspersonal schlichtweg die Arbeit verweigert hatten – oder durch Kontakte mit potenziell infektiösen überlebenden Familienangehörigen der Verstorbenen in Quarantäne mussten – bleibt strittig.[14] Jedenfalls hat die Armee die Leichname sowohl für die traditionelle katholische Erdbestattung wie auch für die Verbrennung in Krematorien in Ganzkörperschutzausrüstung entsorgt. Heute wissen wir, dass an Covid-19 Verstorbene nicht infektiös sind. Franz Allerberger, Leiter der AGES, betont mit schwarzem Humor, dass das Infektionsrisiko der Soldaten „in Badehosen genauso null" gewesen wäre wie in voller Schutzadjustierung.[15]

Wussten es die verantwortlichen Militärs nicht besser?

Unwissen, Halbwissen und Aberglaube spielte bei Seuchen und gefährlichen Krankheiten immer schon eine große Rolle, aber die Abgrenzung zu vernünftiger Vorsorge war auch oft fließend. Das Robert-Koch-Institut hatte noch am 24. März gegen den Pathologenverband empfohlen, „eine innere Leichenschau [...] oder andere aerosolproduzierende Maßnahmen sollten vermieden werden". Schutzkleidung half gegen Pest und Pest-Flohbisse und hilft auch gegen SARS-CoV-2, ist aber bei an Corona bereits Verstorbenen völlig sinnlos. Blickkontakt vermeiden half noch nie gegen Pestansteckung. Die Kleider Erkrankter zu verbrennen manchmal, nicht bei SARS-CoV-2. Feuer auf Straßen zur „Luftreinigung" zu entzünden half im 19. Jahrhundert gegen Cholera ebenso wenig wie die Desinfektion der Vaporetti 2020 in Venedig gegen Corona. 1918, bei der Spanischen Grippe, verfügte man neben ratsamen Spuck- und Händeschüttelverboten sogar das Verbot des Öffnens staubiger alter Bücher. In den 1980er-Jahren ängstigten sich viele, aus einem Glas mit Aids-Kranken zu trinken und bis heute scheuen manche Liebenden Sex mit krebskranken Partnerinnen oder Partnern.

Ärzte waren vor medizinischem Aberglauben nicht gefeit: Gegen die Spanische Grippe, deren Influenzaviren erst Jahrzehnte später entdeckt und im Elektronenmikroskop beobachtbar waren, empfahlen sie von Chinin über trockenen

Champagner, Whisky und Abführmittel bis zu Aderlass in der Behandlung sterbender Soldaten alles mögliche Nutzlose bis Gefährliche. Starben Patienten dennoch, so hielten sie bloß den Aderlass für verspätet; überlebten sie auf wundersame Weise, so offensichtlich trotz und nicht wegen ihrer Ärzte. Das verwundert wenig, wenn man die zig Millionen rätselhafter Todesfälle 1918 abwechselnd auf eine Fehlstellung der Planeten (daher „Influenza"), verdorbenen russischen Hafer, Vulkanausbrüche oder einen „Bazillus influenza" zurückführte, der Infizierte zwar als sekundäre bakterielle Lungenentzündung zusätzlich befiel, aber die Grippe nicht auslöste.

Woran erinnern wir uns kollektiv und wie? Und woran warum nicht?

Während wir uns lebhaft an diese verstörendsten Bilder der Corona-Katastrophe erinnern, blenden wir unseren eigenen Anteil an ihrer Verursachung aus – nämlich außerhalb Italiens. Tatsache ist, dass Europa, die Europäische Union und ausnahmslos alle EU-Mitgliedstaaten Italien nicht halfen, nicht helfen konnten oder nicht helfen wollten. Sie taten dies auch nicht, als Italien trotz pathetischer Solidaritätserklärungen aller Länder in den Wochen zuvor verzweifelt um Hilfe mit Masken und Schutzkleidung für das Gesundheitspersonal bat (28. Februar). All das verfiel alsbald in kollektive und selektive Amnesie – außerhalb Italiens.

Eine derart beschämende und folgenschwere Verweigerung von Katastrophenschutz und humanitärer Hilfe war seit der Einrichtung des EU-Zivilschutzmechanismus im Jahr 2001 noch niemals zuvor eingetreten. Was sich bei erfolgreichen Rettungsaktionen gegen Waldbrände, Natur- und Unweltkatastrophen, Erdbeben, Dürre, Hochwasser, Überschwemmungen, Dammbrüche, Munitionsexplosionen, Giftschlammkatastrophen und andere Desaster mehr als 330 Mal als praktikables Arrangement europäischer Zusammenarbeit und belastbarer Solidarität bewährt (und nur ein einziges Mal nicht funktioniert) hatte, erwies sich ausgerechnet in der Corona-Pandemie als völliger Misserfolg – während das gleichzeitige Erdbeben bei Zagreb im März 2020 routinemäßig bewältigt werden konnte.

Wie lässt sich zusammenfassen, was als „italienische Corona-Tragödie" bezeichnet wird?

Wie in jeder Tragödie waren die Protagonisten der italienischen Corona-Tragödie „schuldlos schuldig". Sie waren so klug und wohlmeinend und eingeschränkt rational wie die politischen Entscheidungsträger anderer EU-Länder, aber das Unglück belastete sie mit schwererer Verantwortung als fast jede andere Regierung.

Das Virus schien nicht nur einen, sondern bereits drei Monate vor dem „Patienten eins" am 21. Februar zirkuliert zu sein. Während der 26. Januar bereits seit einiger Zeit als *momento zero* bekannt war, wurden bei einer Untersuchung von Abwasserstichproben in Mailand und Turin Mitte Juni SARS-CoV-2-Viren bereits für Mitte Dezember 2019 entdeckt. Und im Dezember 2020, als bereits 60.000 Italiener offiziell an Covid-19 verstorben waren, fanden Mediziner bei der Überprüfung tiefgekühlter Abstriche eines atemwegserkrankten und auf Masern getesteten vierjährigen Buben aus Mailand eine Corona-Infektion bereits im November 2019. Weder er noch seine Eltern waren im Ausland oder gar in China gewesen. Das verlängert den Zeitraum einer völlig unentdeckten Verseuchung auf ein kritisches Vierteljahr zurück. Aber dieses katastrophale Unglück, ohne eigenes Verschulden, wurde durch institutionelles Versagen und einige administrative Dummheiten der italienischen Behörden zusätzlich verstärkt.

Ein UEFA-Champions-League-Fußballspiel, Atalanta Bergamo gegen FC Valencia, am 19. Februar mit 44.000 dichtgedrängten italienischen und spanischen Tifosi stattfinden zu lassen war wiederum eher ein Missgeschick oder Unglück als ein politisches und organisatorisches Versagen. Natürlich scheint es aus heutiger Sicht nicht gerade als Beweis ultimativer Weisheit – aber eben erst jetzt, mit der Weisheit retrospektiver Analyse. Gab es doch nicht mehr als zwei (2!) Personen, Chinesen, die in ganz Italien bis zu diesem Tag infiziert waren, und kein einziges Todesopfer. Infolgedessen ist die endgültige Auswirkung dieser *partita zero* im *stadio zero* unter Forschern immer noch umstritten. Unbestritten ist, dass zahlreiche ältere Atalanta-Fans aus Bergamo und Val Seriana kamen, zwei Ortschaften, die sich bald darauf als Corona-Hotspots herausstellten. In Mailand dagegen stiegen die Ansteckungen trotz zahlreicher Übernachtungen und Fanpartys nicht merklich an.

Gab es kein institutionelles Versagen im Seuchenmanagement?

Aber ja doch, am Ende gab es auch einige selbstverschuldete Schmerzen und Pannen aus Blödheit. Lassen Sie mich nur zwei Beispiele für auffällige institutionelle Dummheit und ihre verheerenden Folgen nennen.

Mitten in der Lombardei, mit vierzig Prozent aller italienischen Infektionen und Todesfälle, blieb das kleine Dorf Ferrera Erbognone, nur etwa fünfzig Kilometer von Mailand entfernt, auf wundersame Weise von der Seuche verschont – trotz seines hohen Anteils an alter und entsprechend „hochrisikoreicher" Bevölkerung. Diese einzigartige Ausnahme aus dem katastrophalen regionalen Trend weckte sowohl große Hoffnungen als auch großes wissenschaftliches Interesse und alltägliche Neugier. Das veranlasste den Bürgermeister der Ortschaft zur Initiative, die Fondazione Mondino di Pavia um eine wissenschaftliche Studie über Immunisierungsmuster in diesem unnachahmlichen Ausreißer zu ersuchen. Das Gesundheitsamt der Lombardei untersagte jedoch die Studie, da das Institut in Pavia als „nicht autorisiert" angesehen wurde, Corona-Studien durchzuführen. Stellen Sie sich vor: was für eine institutionelle Arroganz, Ignoranz und verpasste großartige Gelegenheit für sprunghaft steile Lernkurven aus „Paired comparison“-(Vergleichs-)Untersuchungen – und das bloß aufgrund rein bürokratischer Rivalitäten!

Ein weiterer Fall selbstzerstörerischer Torheit des Establishments mit katastrophalen Folgen wurde am 8. März gesetzt, am Tag der Absperrung von 13 Provinzen, von deren Sperrzonen und stark eingeschränkter Mobilität 16 Millionen Menschen in ganz Norditalien betroffen waren. Von diesem Tag an wurden Covid-19-Patienten mit nur leichten Symptomen gegen einen finanziellen Anreiz von 150 Euro pro Tag für die Aufnahme in Alters- und Pflegeheime gebracht, um sie in vermeintlich viel weniger „teuren“ Einrichtungen als den bereits überlasteten Krankenhäusern zu betreuen.

Allein dieser kurzsichtige Verwaltungsfehler erwies sich als äußerst schwerwiegende strategische Fehlentscheidung. Sie verwandelte Altenheime in Krisenherde und Brennpunkte exponentieller Seuchenverbreitung. Pflegekräfte, Krankenschwestern, Ärzte, Rettungsteams und anderes Gesundheitspersonal wurden zu Superkolporteuren des Virus, und zwar insbesondere für die am stärksten Gefährdeten in ihren Krankenstationen. Ausgerechnet Menschen mit hohem Gesundheitsrisiko, die am besten geschützt werden sollten, wurden am meisten ernsthafter Gesundheits- und Lebensgefährdung ausgesetzt – häufig mit tödlichen Folgen.

Solch institutionelles Versagen ereignete sich überall in Europa durch Regierungen, die offensichtlich nicht auf die Pandemie vorbereitet waren. Es bedurfte jedoch einer Verkettung scheinbar kleiner bürokratischer Fehlleistungen mit dramatisch variierenden, mehr oder weniger widrigen Umständen, um Gesamtbilder wie die „italienische Tragödie“ oder das „österreichische Wunder“ im Frühjahr und das „österreichische Desaster“ im Herbst zu produzieren.

Und wie hat Österreich im Vergleich mit anderen europäischen Ländern agiert?

Zweifellos hat Österreich zu Beginn rascher und energischer reagiert als seine europäischen Nachbarn und EU-Partner. Aus ostasiatischer Sicht musste es trotzdem vorsintflutlich wie aus dem frühen vorigen Jahrhundert wirken, nicht nur die lächerliche Zettelwirtschaft in Kaffee- und Wirtshäusern für Contact-Tracing. Ironischerweise gab es ausgerechnet in „Kakanien", wo jeder Kleinbetrieb und Landgasthof von Arbeitsinspektoren, Marktämtern, Brandschutzbeauftragten und anderen Aufsichtsbehörden zum eigenen „Schutz" bürokratisch drangsaliert wird, noch im März 2020 keinen nationalen Pandemieplan, unzureichend Schutzkleidung für das Gesundheits- und Pflegepersonal, kaum öffentlich zugängliche relevante Daten – und keine einzige wissenschaftliche Studie mit Ausnahme einiger Modellrechnungen als Leitfaden für Entscheidungen. Und es gab selbst zu Beginn der zweiten Infektionswelle acht Monate nach dem ersten Lockdown immer noch keinerlei nationale Bestandsaufnahme freier oder besetzter regionaler und lokaler Intensivpflegekapazitäten. Der schmerzliche Digitalisierungsrückstand gegenüber Asien oder Israel wurde beim Zusammenbruch des Trackings ebenso sichtbar wie an IT-Problemen bei den Massentests und -impfungen ab Dezember.

Von Anbeginn war das Gesundheitsministerium durch frühere Umbaumaßnahmen der ehemaligen Rechtsregierung Neue Volkspartei/FPÖ weithin gelähmt und funktionsunfähig. Bis Dezember 2020 war nicht einmal eine amtierende Generaldirektorin für die Öffentliche Gesundheit im Amt. Der Oberste Sanitätsrat (OSR) war zum ersten Mal seit Kaiserin Maria Theresia 1765 ebenfalls nicht in Funktion, da sein Mandat durch den Regierungswechsel nicht über 2019 hinaus verlängert worden war. Und die neue Regierung musste sich mit der traditionellen föderalistischen Kompetenzzersplitterung ohne eigene Konsolidierung konfrontieren. So begann alles sehr zäh zu laufen: Das österreichische Heer brauchte etwa ganze 61 Tage (18.3. bis 18.5.), um seine Miliz erstmals in der Geschichte der Zweiten Republik zu mobilisieren, verglichen mit drei Tagen nach dem Alarm in der Schweiz.[16]

Wie konnte sich Österreich unter den widrigen Umständen doch erst einmal erfolgreich behaupten?

Trotz der schlechten Ausgangslage und Vorbereitung gab sich die Regierung stets streberhaft als Musterschüler. Insgesamt ist es erstaunlich, verwirrend und beeindruckend, wie es dem Land bis zum Spätsommer gelang, sich als Top-Performer der Krisenbewältigung öffentlicher Gesundheit zu behaupten – ungeachtet objektiv recht bescheidener Ergebnisse bei Infektionen, Todesfällen und Wirtschaftseinbruch. Und trotz nicht einmal der Hälfte der ursprünglich und wiederholt angekündigten 15.000 Tests pro Tag. Beim Testen und Tracen war die Kluft zwischen Worten und Taten am (ent-)täuschendsten, wie die folgende Episode zeigt.

Um den – überwiegend ausländischen – Touristen zu versichern, Österreich sei eine sichere Urlaubsdestination, wurde vor Beginn der Sommersaison im Mai feierlich eine spezielle Initiative von 65.000 Tests pro Woche für Mitarbeiter der Tourismusbranche und Gäste angekündigt. Einen Monat danach und bei fortgesetzt guter Buchung stand fest, es wurden in kaum vier Wochen nur 10.200 Tests durchgeführt – das waren nur 4,5 Prozent (!) der vollmundig versprochenen Testaktivitäten.[17] Sobald sich herausgestellt hatte, dass der Vertrauenstrick funktionierte, schienen sich die gastgebenden Fremdenverkehrsunternehmen – kurzsichtig – nicht mehr viel um die Gesundheit und Sicherheit ihrer Mitarbeiter und Gäste zu kümmern. Sie selbst beschwerten sich hingegen über die Testangebote, die für Tourismusunternehmen nicht wirtschafts- und lebensnah genug aufgesetzt seien, um die extrem niedrige Inanspruchnahme der Aktion zu rechtfertigen. Nach dem geschäftsstörenden Cluster in St. Wolfgang und heftiger öffentlicher Kritik und ein weiteres Monat später schien sich die Testhäufigkeit bei 18 Prozent der bereitgehaltenen Kapazitäten von 65.000 Tests wöchentlich eingependelt zu haben.[18]

Es handelte sich also bei dieser mit 150 Millionen Euro Budgetmitteln veranschlagten tourismuswirtschaftlichen Politikinitiative hauptsächlich um Public Relations. Sie war, gleichsam im Brennglas, ein Paradigma für das „österreichische Wunder", das allerdings nur in der allerersten Phase des „Hammers" bzw. bis zur Untersuchung des Tiroler und Ischgl-Desasters im Oktober[19] behauptet werden konnte. Es ging um spektakuläres Kommunikationsmanagement, Message-Control, Nachrichtenspins, Marketing und PR-Leistungen, die vom Eigeninteresse der Politik und der Tourismusbranche getrieben waren, und nicht um das beanspruchte glorreiche, unbestreitbar erfolgreiche Pandemiemanagement sowohl der öffentlichen Gesundheit wie auch des nachhaltigen wirtschaftlichen Wiederaufbaus.

Was waren, abgesehen von gelungener PR, richtige strategische Weichenstellungen?

Einige der strategischen Weichenstellungen der Gesundheitspolitik waren klug und entscheidend. Gesundheitsminister Rudolf Anschober schuf zusammen mit einem Krisenteam der Gemeinde Wien einen beratenden Expertenrat und eine Corona-Task-Force, um den Mangel an funktionierenden regulären Strukturen auszugleichen. Sie entschieden sich erstens sofort für Home Containment und eine Hotline, während sie den direkten Zugang potenziell infizierter Personen zu Ambulanzen, Arztpraxen, Krankenhäusern und Altersheimen sperrten. Zweitens reservierten sie so großzügig ein geräumiges Angebot an Covid-Intensivbetten und -ausrüstungen, dass selbst am ersten Höhepunkt des Infektionsgeschehens und der intensivmedizinischen Behandlungen (3.–8. April) nicht mehr als sieben bis zehn Prozent, das heißt 267 von 2584 (später auf 3478 aufgestockten) insgesamt verfügbaren Akutbetten für Covid-19-Patienten genutzt werden mussten. Laut AGES waren am 3. April 267 oder 28 Prozent, am 25. November bereits 709 oder 75 Prozent des extra für Corona-Patienten bereitgestellten Kontingents an bundesweit 944 Intensivbetten auch tatsächlich von schwerst an Covid-19 Erkrankten belegt.

Damit waren die regulär zu über achtzig Prozent dauerhaft ausgelasteten Intensivstationen zwar nie „halbleer", wie gelegentlich kolportiert worden war, aber auch nicht durch Corona-Kranke akut überlastet, obschon befürchtete Triagen infolge Überlastungsgefährdung bei allen Infektionswellen ein Hauptargument für den Lockdown waren. Allerdings waren solche zugespitzten Überlastungsrisiken lokal und regional durchaus bedrohlich, etwa wenn mit 1. November in Tirol zwar nur 13,1 Prozent aller Intensivbetten beansprucht, jedoch bereits 84,8 Prozent aller reservierten Covid-Intensivbetten ausgelastet waren. In Vorarlberg waren am Allerheiligenwochenende bereits alle Intensivbetten im Stadtspital Dornbirn belegt, mit 7. November alle im Landeskrankenhaus Hohenems, sodass schwerstkranke Covid-19-Patienten nach Feldkirch verbracht werden mussten und bald „italienische Zustände" befürchtet wurden.

Im Alltag der meisten Krankenanstalten waren in der ersten Welle aber vielmehr unsichtbare Kollateralschäden für Nicht-Covid-19-Patienten sowie Überversorgung und Panikmehrbeschaffung etwa von Beatmungsgeräten die Folgeprobleme des expliziten Versuchs, „auf der sicheren Seite zu irren", wie Vizekanzler Kogler offen einräumte. Dies geschah nur wenige Tage nach der apokalyptischen Warnung von Bundeskanzler Kurz und einigen Mathematikern am 30. März, die tagelang akut und seither latent die öffentliche Debatte beherrschten: „Es drohen der Zusammenbruch des Gesundheitssystems und Massentod"[20]. So ein dramatisch überschießender Alarmismus war kurzfristig durchaus erfolgreich als Hammer, da fast niemand außer ein paar Experten seine Kosten berechnen konnten und daher niemand die Verantwortung dafür tragen musste.

Widersprüchliche Evaluationen wie die der Economist Intelligence Unit (EIU) und die Daten, die am selben Tag der Veröffentlichung (17.6.) vom Europäischen Zentrum für die Prävention und die Kontrolle von Krankheiten (ECDC) der Europäischen Union in Stockholm zur Verfügung standen, veranschaulichen diese rätselhaft hochgradig unterschiedlichen, ja gegensätzlichen Bewertungen[21] des Pandemiemanagements der ersten Welle.

War das österreichische Pandemiemanagement der Gesundheitskrise im Frühjahr am zweitbesten weltweit – oder eher unterdurchschnittlich innerhalb von EU/EFTA-Europa?

Während die EIU weltweit 21 OECD-Länder verglich, sammelte das ECDC Rohdaten zur Leistung aller 31 Länder der Europäischen Union und der Europäischen Freihandelszone (EFTA). EIU bot einen einfachen Index, ECDC vielfältige objektive Ergebnisdaten. Die EIU untersuchte die Managementleistung in Bezug auf drei einfache Risikofaktoren unter Verwendung der wichtigsten Daten aus anderen Studien. Das ECDC dokumentierte die epidemiologischen Gesamtergebnisse der staatlichen Maßnahmen.

Laut der EIU-Studie lag Österreich zusammen mit Deutschland nach Neuseeland weltweit an zweiter Stelle und vor anderen „sehr guten" Ländern wie Dänemark, Island, Norwegen, Australien und Israel. Eine „schlechte" Leistung wurde Spanien, Italien und dem Vereinigten Königreich sowie Belgien als letztem und 21. Land zugeschrieben.

Das ECDC standardisierte die Anzahl der gemeldeten Infektionen und Todesfälle pro 100.000 Einwohner. Danach belegte Österreich bei Ansteckungen den bescheidenen 17. Platz und bei Covid-19-Todesfällen den 19. Platz von 31 europäischen Ländern. Das ist beide Male in der unteren Hälfte der Rangliste in Europa – und Lichtjahre von der zweitbesten weltweit entfernt wie in der EIU-Rangliste.

Während einige Länder schwach in Bezug auf die Durchseuchungsraten waren (teilweise wegen umfassenderer Tests), aber viel besser in Bezug auf gemeldete Todesfälle wie Luxemburg (Rang 31/23 gemeldete Infektionen/Todesfälle), Liechtenstein (19/6), Malta (14/5), Zypern (10/2) und Island (26/10), hatten andere relativ niedrige Infektionsraten, aber eine hohe Zahl von Todesopfern wie beispielsweise Ungarn (3/16). Mitte Juni war die Slowakei (1/1) in allen Dimensionen am besten, vor Lettland (6/2) und mehreren südosteuropäischen Ländern wie Griechenland (2/4), Kroatien (5/6) und Bulgarien (4/8) und Litauen (7/8). Die schwächste Leistung war für dasselbe Land zu verzeichnen, das auch in der EIU-Bewertung an letzter Stelle stand, nämlich Belgien (29/31), gefolgt von Großbritannien (25/30), Spanien (28/29) und Italien (24/28), Schweden (30/27), Frankreich (21/26) und Irland (27/25).

Und wie erfolgreich war das wirtschaftliche Krisenmanagement in den beiden Wellen?

Der zur Jahresmitte für 2020 erwartete wirtschaftliche Einbruch und die Verluste aufgrund des Pandemie-Lockdowns wiesen teils ähnliche, teils ganz andere Ranglisten auf als die der Infektionsraten und der Zahl der Todesopfer. Die Sommerprognose der Europäischen Kommission[22] sah eine Verschlechterung zwischen minus 4,6 Prozent (Polen), minus 5,2 Prozent (Dänemark) und minus 5,3 Prozent (Schweden) als beste und minus 11,6 Prozent (Frankreich), minus 11,2 Prozent (Italien) und minus 10,9 Prozent (Spanien) als schwächste Länder bezüglich des erwarteten BIP voraus – bei einem EU-27-Durchschnitt von minus 8,3 Prozent. Österreich hatte erneut eine mittelmäßige Position sowohl in der Wirtschaftsleistung (7,1 %, Rang 13–15 von 27) als auch in der Gesundheitskrise (Rang 19 von 31). Im Gegensatz dazu lag das Land mit den niedrigsten Infektions- und Sterblichkeitsraten (1/1), nämlich die Slowakei, in Bezug auf die wirtschaftlichen Aussichten nur auf dem 22. Platz, während die Top-drei-Staaten aus der EU-27 mit den relativ besten wirtschaftlichen Aussichten Gesellschaften mit eher schlechter Corona-Überlebensleistung waren (von 31 EU/EFTA-Ländern): 1. Polen (Rang 12 von 31 bei den Todesopfern), 2. Dänemark (Rang 20/31), 3. Schweden (Rang 27/31).

Das hat sich bis nach der zweiten Welle großteils nur wenig, in Einzelfällen aber sehr stark verändert, nämlich zum Nachteil Österreichs. Mit Schweden (– 3,5 %) und Polen (– 3,5 %) sind zwei der drei Spitzenreiter, nunmehr ergänzt um Litauen (– 2,0 %) statt Dänemark, an der Spitze geblieben, ebenso wie Spanien (– 11,6 %), Frankreich und Italien (je – 9,1 %) und Griechenland (– 10,1 %) für das Gesamtjahr 2020 und im Ausblick bis 2022 weiterhin zu den Nachzüglern gehören. Wirtschaftlich dramatisch abgestürzt gegenüber der Sommerprognose und mit geringsten Wachstumsaussichten sind nur zwei Ausreißer, Portugal an insgesamt letzter und Österreich an vorletzter Stelle unter 22 OECD-Ländern. Lateineuropa mit Frankreich, Spanien und Italien hat 2020 zwar noch größere Einbrüche, danach aber zwei- bis dreimal bessere Wachstumsprognosen als Österreich.[23]

Könnte es ein Dilemma bzw. einen Zielkonflikt zwischen Krisenmanagement öffentlicher Gesundheit vs. Wirtschaft und Soziales geben?

Das sieht zwar mitunter auf den ersten Blick so aus und wird als These auch häufig vertreten. Im Lichte empirischer Evidenz für weltweit 38 Länder von April bis Juni 2020 wurde sie jedoch klar widerlegt:[24] Die Länder mit den wenigsten Todesfällen haben nicht mehr, sondern weniger wirtschaftlichen Einbruch gegenüber dem zweiten Quartal 2019 erlitten – allen voran Taiwan (– 0,6 %) und Südkorea (– 3 %), aber auch Litauen (– 3,7 %), Finnland (– 5,2 %) und Norwegen (– 5,3 %). Dagegen hatten Spanien (– 22,1 %), das Vereinigte Königreich (– 21,7 %),

Frankreich (– 19 %) und Italien (– 17,3 %) die schwersten wirtschaftlichen Einbußen *und* zugleich die höchsten Covid-19-Todesraten.

Österreich war bereits in der ersten Welle unter dem Mittelmaß, am 19. Platz von 31 bei Todesfällen und 23. von 38 Ländern bei wirtschaftlicher Krise. Im Mittelfeld haben sich ganz ähnliche Wirtschaftseinbrüche mit sehr unterschiedlichen Gesundheitsfolgen kombiniert, nur die besten und schwächsten Länder waren durchgehend am besten oder am schlechtesten. Für Österreich hat sich das erst mit dem Absturz in der zweiten Welle, da aber besonders dramatisch, gezeigt: Es war im November zeitweilig das Land mit der höchsten Neuinfektionsrate *und* Sterblichkeit *weltweit* – und am 21. Platz von 22 OECD-Ländern beim wirtschaftlichen Krisenmanagement.

Die Ergebnisse würden im Übrigen für die Überlegenheit einer „Maximum suppression"-Pandemiestrategie sprechen, wie sie Fachleute von Devi Sridhar (Edinburgh) bis Robert Zangerle (Innsbruck) befürworten[25] und wie sie u. a. erfolgreich in Neuseeland, Australien, China, Taiwan, Südkorea, Vietnam, Hongkong, Kuba und Ruanda angewandt wurde. Österreich hingegen verfehlte trotz viel Glück in der ersten Etappe und damit ausgezeichneter Ausgangslage im Mai diese große Chance geradezu spektakulär. Sie hätte die Infektionszahlen dauerhaft weit genug hinuntergedrückt, sodass die ermüdend sich wiederholenden Zyklen von Lockdowns und Lockerungen bis hin zu wirtschaftlicher Selbststrangulierung und sozialer Demoralisierung sich erübrigt hätten.

Sind diese niederschmetternden Befunde das letzte Wort über Österreichs Pandemie-Management im internationalen Vergleich?

Nein, sicher nicht. Viele weitere und weit tiefergehende Analysen und Studien als diese allerersten Schnellschüsse werden folgen. Der letzte 2020 verfügbare Index darüber, wo man während der Pandemie am besten und wo am schlechtesten aufgehoben war, stammt vom Nachrichtendienst Bloomberg[26] vom 21. Dezember. Das „Bloomberg-COVID-Resilienz-Ranking“ basiert auf Daten über Infektionen, Todesfälle, den Anteil positiver Testergebnisse, den Zugang zu Impfung, Lockdowns und andere Beschränkungen sowie die wirtschaftliche Entwicklung. Hier ist Österreich nicht mehr unter den Allerletzten weltweit, aber an 41. Stelle unter 53 untersuchten Ländern.

Spitzenreiter ist wiederum Neuseeland vor Taiwan, Australien, Norwegen, Singapur, Finnland, Japan, Südkorea, China und Dänemark als Top Ten. Es folgen Kanada, Vietnam, Thailand, Hongkong und Irland, die Emirate vor Israel (17.), Russland 18., den Niederlanden 19. und Deutschland 20. Die Schweiz findet sich auf Platz 23, Schweden 27, Vereinigtes Königreich 30, Spanien 33, Frankreich 34, USA 36. Hinter Österreich kommen in Europa nur noch Tschechien auf Rang 42, Belgien 44, Türkei 45, Polen 46, Rumänien 48, Italien 49 und Griechenland 50 sowie Peru, Argentinien und Mexiko als globale Schlusslichter. Hingegen wurden Länder wie Bangladesch, Ägypten, Irak, Pakistan, Nigeria, Brasilien, die Philippinen, Südafrika und Indien noch vor Österreich gereiht, was man mitunter aber wohl nicht durchwegs auf die Datenqualität des erfassten Infektionsgeschehens zurückführen kann.

Kann man ein spezifisch österreichisches Muster zu den Bewältigungsversuchen der Gesundheitskrise feststellen?

Österreich als glücklicher Spätbetroffener der Virusinvasion hatte in der frühen Phase des Pandemiemanagement die vorsichtige strategische Entscheidung getroffen, die Seuche schnell und hart „niederzuhämmern“. Dies anstatt einer etwas trägeren, unentschlosseneren oder Flip-Flop-Reaktion wie in der Schweiz, in Belgien, Großbritannien und Schweden – oder wie in den USA und Brasilien in Übersee. Anstatt auf eine ungewisse schnelle „Herdenimmunisierung“ zu hoffen, setzte die Bundesregierung vom ersten Moment an eindeutig und erfolgreich auf schlagkräftige Maßnahmen und ihre strikte Einhaltung. Zum Glück, wenn auch nicht überraschend, war die der Bevölkerung abverlangte „Herdendisziplin“ und „Herdenloyalität“[27] von Anfang der restriktiven Maßnahmen an sichtbar wirksam.

Mit den selbstverstärkenden kommunikativen Rückkoppelungsschleifen von Behörden und Medien wurde diese als kollektives Erfolgserlebnis inszenierte Quarantäne und Pandemiekontrolle über einen Monat lang immer überzeugender, mehr als in den meisten EU-Ländern. Die Koalition der konservativen Neuen Volkspartei und der Grünen begann erst während der „Tanz“-Phase[28] des wirtschaftlichen und sozialen Wiederaufbaus zu stolpern, als die Lockerungen das „legale Tohuwabohu“[29] fortsetzten, das mit dem „Regieren durch Pressekonferenzen“[30], Verordnungen und Erlässen und nicht durch klare Gesetzgebung initiiert worden war. In der zweiten Welle kollabierte das Seuchenmanagement. Der junge Kanzler Kurz ist, nach eigenen Auskünften, ein schlechter oder Nicht-Tänzer auf dem Ballparkett; seit den Lockerungen auch auf der politischen Bühne. So verspielte er innerhalb eines halben Jahres durch Führungsschwäche und Strategiemangel einen einzigartigen Höhenflug an „Hammer“-Popularität im Frühjahr bis zum kopflosen Herumstolpern im Spätherbst.

Der später offensichtliche Mangel an Planung, operativen Meso- und Mikrostrategien und vorbeugenden Maßnahmen wurde jedoch anfänglich, im ersten „heißen“ Monat der Quarantäne bis Ostern Mitte April gar nicht gesehen. Der wahrgenommene Erfolg der Regierung in der frühen Sperr- und Abschaltphase beruhte auf folgenden Hauptkomponenten: schnelle Reaktion im Vergleich zu massenmedial sorgfältig ausgewählten anderen Ländern;[31] umfassende Konsensbildung, d. h. alle politischen Oppositionsparteien im Parlament in Zeiten akuter Krise und Notmaßnahmen hinter der Parole politischen „Schulterschlusses“ und nationaler Einheit zu sammeln; und ein auffallendes Bündnis mit dem Österreichischen Roten Kreuz als angesehenster gemeinnützig-privater Partnerinstitution auf Augenhöhe mit der Regierung.

Wie bereits vor Jahrzehnten im HIV/Aids-Management spielte das Rote Kreuz die Rolle *der* parastaatlichen Institution par excellence: fast tägliche gemeinsame Pressekonferenzen mit der Regierung; weltweite Beschaffung von Schutzmaterial; Testen und Tracking; Entwicklung einer Tracing-App; Aufgabenzuteilung an zweitausend Freiwillige für den staatlichen Zivildienst; und eine massive, hochoffizielle und millionenschwere Werbekampagne. Das Rote Kreuz verantwortete all diese Aktivitäten zusammen mit oder sogar selbstständig, im Auftrag der Regierung.

Eine erste Zwischenbilanz für die erste Welle?

All das trug dazu bei, das zuvor als schwierige Ausgangslage skizzierte, von der neuen Regierung vorgefundene, vom NVP/FPÖ-Vorvorgängerkabinett ererbte Schlamassel zuerst gleichsam zu vertuschen und danach bis zum Spätsommer allmählich vergessen zu lassen. Wir können nur hoffen, dass dies eines Tages detailliert rekonstruiert und analysiert wird, um etwas Wichtiges für die nächste Pandemie zu lernen, die mit Sicherheit kommen wird.[32] Diesmal stolperte die Regierung anfänglich sozusagen glücklicherweise über Feuerlöscher und quasi versteckte Notfallrouten, und sie war klug genug, das Glück des glücklichen Finders eines schwer entdeckbaren Fluchtwegs geschickt zu nutzen.

In diesem Durcheinander zu Beginn der Krise konnte sich dann gleichermaßen das Beste und Schlimmste „kakanischer“ Talente in „Quarantanien“ entfalten. Einfallsreichtum, Kreativität, Improvisationsgabe, Zähigkeit, hartnäckige Disziplin und durch Schlamperei gelinderte Botmäßigkeit gegenüber Obrigkeiten und behördlichen Anordnungen. Einerseits die hohe, jahrhundertelang erprobte und bewährte Staatskunst des aufgeklärten Absolutismus und des weitsichtigen Durchwurstelns, die international seit Charles E. Lindblom gerühmte „science of muddling through“[33], des hochgelobten und rationalen „incrementalism“ schrittweisen tagtäglichen Lernens beim geschickten „Fahren auf Sicht“ (mitunter wohl auch Blindflugs) im dichtem Nebel von Unwissen und Ungewissheiten ringsum.

Andererseits gab es eben auch chaotisches Missmanagement im föderalen Kompetenzdschungel, bürokratische Unfähigkeit und selbstgerechte Selbstüberschätzung von Behörden bis zum Lachhaften. Und schließlich sah man Schwindel, Schlawinertum und Schlitzohrigkeit, wie die kurzsichtige Raffgier der Ischgler Bar-, Hotel- und Seilbahnbetreiber, ihres „Zsammruachelns“, koste-es-uns-alle-was-die-wollen.

Ein kritisches Ischgl-Resümee: „Koste-es-uns-alle-was-die-wollen“?

Ja, Ischgl schien exemplarisch für die Vergesellschaftung aller Kosten und Lasten der Corona-Krise und die Privatisierung von Gewinnen. Der örtlichen Touristenlobby gelang es sogar, die berüchtigte Après-Ski-Bar „Kitzloch“ – eine Ansteckungsquelle für tausende Gäste in ganz Europa – nach Schließung, Desinfektion und Ersatz des Personals für einen weiteren Tag wieder zu öffnen – und zwar bei einem Umsatz von 15.000 Euro pro Abend und „an Spitzentagen natürlich wesentlich mehr“, so der Betreiber zur Untersuchungskommission, kolportiert werden bis zu 120.000 Euro Tageslosung. Tirols Wirtschaftskammerpräsident Christoph Walser (ÖVP) bezifferte die Kosten des Lockdowns für die heimische Wirtschaft mit 600 Millionen Euro täglich, „das ist viel Geld, da zählt jeder Tag“[34] – während IHS-Direktor Martin Kocher (seit Jänner 2021 Bundesminister für Arbeit) zwischen einer und 1,5 Milliarden wöchentlich, also ein Drittel bis ein Viertel, schätzte. Das Ausmaß der Überschätzung zeigt den Erwartungs- und Forderungshorizont der Tiroler Tourismusgranden.

Bezeichnenderweise erfolgte die Wiedereröffnung des „Kitzloch" mit Genehmigung der regionalen Gesundheitsbehörden.[35] Noch am 8. März hielt es der Tiroler Landessanitätsdirektor „aus medizinischer Sicht [...] (für) wenig wahrscheinlich, dass es in Tirol zu Ansteckungen gekommen ist". Das war ganze zehn Tage nachdem erste isländische Touristen Covid-19-Symptome in Ischgl gezeigt hatten (26.2.) und drei Tage nachdem der isländische Zivilschutz Ischgl neben Wuhan und dem Iran auf die Liste weltweiter Risikogebiete gesetzt hatte (5.3.).

Legt man die Schätzungen einer Forschergruppe der Universität Southampton zur kritischen Bedeutung des Zeitpunkts von Interventionen für Wuhan aus *Nature*[36] vom 4. Mai ganz grob auf Ischgl um, so hätte die von der Untersuchungskommission zum Pandemiemanagement in Tirol empfohlene Schließung des Skigebiets am 5. statt am 13. März um rund siebzig Prozent weniger Ansteckungen und Todesfälle ausgehend von Ischgl in ganz Europa bewirkt – bei Millionenverlusten für Seilbahn- und Barbetreiber und Hotels. Fest steht, dass am 5. März nur ein einziger positiver Abstrich (gegenüber 60 negativen), am 15. März aber bereits hundert positive (gegenüber 336 negativen), in der Woche vom 7. bis 13. März 106 Testungen, davon 65 positive und 41 negative offiziell dokumentiert waren.[37]

Die Bedeutung von Superspreading braucht wohl kaum nochmals betont zu werden. Bei der SARS-Pandemie 2002/03 hatte ein Arzt aus Guangzhou bei einem einzigen Tag Aufenthalt in einem Hotel in Hongkong 16 Gäste angesteckt, auf die dann achtzig Prozent aller 8400 globalen SARS-Erkrankten und 900 Toten in dreißig Ländern zurückführbar waren. Bei SARS-CoV-2 haben hundert Infektionen bei einer Biotech-Konferenz im März in Boston nachweislich 20.000 Ansteckungen US- und weltweit verursacht. Ein vergleichbares globales Contact-Tracing zum Ischgl-Cluster ist mir nicht bekannt.

Immerhin konnten die AGES bereits am 6. April unglaubliche 57 Prozent aller damals schon über 12.000 aktiven

Corona-Fälle in Österreich, deutsche Studien 48 Prozent aller Fälle in Deutschland und Dänemark schon Mitte März achtzig Prozent aller Fälle und Schweden jeden sechsten Fall direkt auf Ischgl oder Urlaubsheimkehrer aus Ischgl („Cluster S") zurückverfolgen, so das Institut für Weltwirtschaft (IfW) in Kiel. Eine Studie der MedUni Innsbruck ergab eine Seroprävalenz der – übrigens zu 85 Prozent symptomlosen – lokalen Bevölkerung von 42,4 Prozent[38], sechsmal höher als die offiziellen Infektionsraten, und nach Bergamo mit 57 Prozent die zweithöchste weltweit, höher als die Durchseuchung in Wuhan. Und über 6000 geschädigte Betroffene in 45 Ländern aus allen fünf Kontinenten schlossen sich innerhalb weniger Wochen den Muster-, Sammel- und (Amtshaftungs-)Klagen des Verbraucherschutzvereins VSV von Dr. Peter Kolba gegen die Republik Österreich an.[39]

Worin unterschied sich das Pandemie-Management im Herbst?

Am maßgeblichsten scheint, dass die komparativen Vorteile Österreichs mit der „Tanz"-Phase der Lockerungen und erneuten Restriktionen im Herbst endgültig verspielt waren. „Wir bezahlen unsere Sommerlockerungen mit Winterlockdowns".[40] Mit der zweiten Welle geriet die im Frühjahr ungemein erfolgreiche, wenngleich teils durchaus nicht unproblematische Krisenkommunikation selbst in eine Krise. Der nationale Schulterschluss war zerbrochen. Die Opposition wieder in Opposition. Die Regierung – zunehmend belastet durch die Popularitätsrivalität zwischen konservativem Kanzler und grünem Gesundheitsminister, der erstmals überhaupt den Kanzler an Zustimmung übertraf, sowie durch innerparteiliche Interessengegensätze nach Ländern und Branchen innerhalb der Neuen Volkspartei – agierte nicht mehr durchwegs einmütig. Auch Wissenschaft und Experten sprachen hörbar nicht mehr mit einer Stimme, es bildeten sich auch international hochpolitisierte Glaubensgemeinschaften, wovon der wissenschaftliche Expertenstreit zwischen Anhängern der Great Barrington Declaration und dem John Snow Memorandum zeugt.[41]

Im Gegensatz zum Frühjahr gab es auch keine klare, eindeutige, einfache Botschaft wie „flatten the curve" zur Krisenkommunikation. Die angesprochene „neue Normalität" stellte sich nicht ein und die alte erwies sich plötzlich als untragbar. Neue Instrumente wie die Corona-Ampel funktionierten (anders als etwa die bewährten Lawinenwarnstufen) nicht wie geplant und Versäumnisse aller Art häuften sich: ruckartiges Stop-and-go, fehlendes Personal und verspätete Rekrutierung vom Contact-Tracing bis zur Intensivbetreuung und kaum Screening von Reiserückkehrern; vor allem aber mangelhaftes und unzulänglich digitalisiertes Tracking. Zudem wurden bis September monatelang Superspreaderereignisse im Privaten bei Feiern mit bis zu 200 Personen (wie sie seit März nirgendwo in Skandinavien erlaubt waren) und Massenevents mit bis zu 10.000 Zuschauern zugelassen, mehr als sonstwo in Europa. Auf die (am 13.11.) auf über 10.000 hochschießenden täglichen Neuinfektionen und erneuten Restriktionen nach der kollektiven Corona-Party folgte der unvermeidliche Katzenjammer.

Was ist passiert, bevor Österreich im November zum „worst case worldwide" wurde?

Von Mitte Oktober bis Mitte November 2020 stürzte Österreich (wie ein Monat zuvor Israel) spektakulär ab und mutierte vom weltweit angeblich zweitbesten Pandemiemanagement im Frühjahr vorübergehend sogar zum *global worst case* – dem Land mit der höchsten Rate bekannter Neuinfektionen weltweit.[42] Statt 1141 täglicher Kontaminationen am Höhepunkt der ersten Welle (27.3.) waren es mit 9239 laborbestätigten (11.11.)[43] bzw. 10.368 (13.11.) international erfassten Fällen in der zweiten Welle bis zu 909 Prozent davon. Die Sieben-Tage-Inzidenz war mit 587 (12.11.) zehnmal so hoch wie am Höhepunkt der ersten Welle (28.3.) mit 58. Zudem waren lt. Dunkelfeldstudie 55 Prozent der Infektionen behördlich nicht erfasst und größtenteils symptomarm.[44]

Die täglichen Covid-Todesfälle waren am 20. Dezember mit 142 um ganze 470 Prozent über jenen am Scheitel der ersten Welle (9.4.). Schon mit der Verschärfung des zweiten Lockdowns zu Beginn der 47. Kalenderwoche gab es mit 2431 um 58 Prozent mehr Sterbefälle als im Durchschnitt der letzten vier Jahre – und die höchste Wochenzahl an Toten seit der „Russischen Grippe“ im Februar 1978. Zwei Drittel dieser Übersterblichkeit war direkt Covid-19-bedingt. Sie wuchs seit Ende Oktober dramatisch und erreichte gemessen an der Bevölkerung das Doppelte der USA und mehr als das Dreifache von Deutschland und Schweden.

Mit 16. Dezember hatte Österreich mehr absolute (!) Covid-Todesfälle als China mit 1,4 Milliarden Einwohnern, wo überdies mehr als 97 Prozent der Toten in Wuhan bzw. Hubei anfielen, und 203-mal so viele Tote pro einer Million Einwohner (AUT 608/CHN 3/alle Provinzen außer Hubei 0,2–0,6). Das europäische Mortalitätsmonitoring EuroMOMO registrierte erstmals eine „hohe Übersterblichkeit“, wenn auch nicht die allerhöchste in Europa. Armin Thurnher resümiert in seiner Seuchenkolumne: „Wir hatten Glück beim ersten Lockdown, sagt Virologe Robert Zangerle von der Meduni Innsbruck [...] danach hatten wir das Pech, dass die Regierung dieses Glück für die Folge ihres klugen Verhaltens hielt. Nicht alle Gründe, warum die Krise derart eskalierte, sind jedoch geklärt.“[45]

Warum ist die Gesundheitskrise derart eskaliert?

Einige Klärungen verdanken wir dem Blog des Statistikers Erich Neuwirth[46]. Während Österreich im Frühjahr eine Woche vor Deutschland als „Wiener Modell“ (CSU-Ministerpräsident Markus Söder) Vorreiter wirksamer Restriktionen war, erwiesen sich die mit dem nördlichen Nachbarn zeitgleichen zweiten Lockdowns Anfang und Mitte November für Österreich als viele Wochen zu spät. Denn mit 19. November war die Sieben-Tage-Inzidenz mit 523 Neuinfektionen pro 100.000 Einwohner fast viermal höher als in Deutschland (139). Dieser weit höhere Seuchenpool hätte entsprechend frühere Maßnahmen erfordert, deren Dringlichkeit aber durch vermeintlich ähnliche Entwicklungen völlig verdeckt worden war.

Neuwirth räumt ein, ihm selbst sei der Unterschied erst viel zu spät, nämlich erst Mitte September, aufgefallen, als er die übliche lineare Skala durch eine logarithmische ersetzte. Plötzlich habe er die zuvor wegen ihres so niedrigen absoluten Niveaus völlig übersehene exponentielle Virenverbreitung seit Mitte Juni in Österreich (und erst Mitte Juli in Deutschland) erstmals erkannt. Denn nur logarithmische Skalen erlauben wie im Mikroskop, selbst winzigste exponentielle Dynamiken zu erkennen, wie etwa die Trendumkehr hin zu neuen Ansteckungen und rascher Durchseuchung nach Lockerungen bereits seit Anfang Juni. Der linear erst Mitte Oktober sichtbare starke Anstieg war jedoch bloß die Wende nach 4,5 Monaten fast unsichtbarem exponentiellen zu sichtlich hyperexponentiellem Wachstum, „ein Bild erzählt die ganze Geschichte" des Durch-die-Decke-Schießens der Infektionszahlen im Spätherbst.

Ohne Prof. Neuwirths logarithmische Skalierung wäre das unerkannt geblieben?

Nein, ich denke, die Regierung und ihre Berater hätten all das rechtzeitig, also im Frühsommer, ebenfalls selbst sehen müssen. Spätestens von da an lag nämlich der R-Wert, die geschätzte effektive Reproduktionszahl R, mit Ausnahme winziger Zeitfenster nie mehr wie im ersten Lockdown dauerhaft unter 1,0. Damit wurde bereits zweifelsfrei ein exponentielles Anwachsen der Infiziertenzahlen angezeigt. Man hätte also nicht einmal die konventionelle lineare Darstellung als irreführend verwerfen und durch eine aussagestarke, aber ungewohnte logarithmische Visualisierung ersetzen müssen.

Es hätte gereicht, sich ganz schlicht auf einen gleichsam deppensicher einfachen und einzigen Alarm-Indikator – nämlich R > 1 – zu verlassen, um den angeblich „unerwartbaren" Schock explosiver Durchseuchung für das Pandemiemanagement entscheidende zumindest vier bis fünf Monate früher erkennen und handeln zu können. Zweifelhaft bleibt freilich, ob die Bevölkerung bei früheren Restriktionen erneut „herdendiszipliniert" mitgegangen wäre.

Ob Glutnester eines Schwelbrandes oder Metastasen eines Tumors bei Krebserkrankung oder die Ebben und Wellen eines Tsunamis die zutreffendsten Metaphern sind, in jedem Fall hatten Regierung, Medien und Bevölkerung alle eindeutigen Warnsignale einer nahenden katastrophalen Zuspitzung der Lage zu einer viel größeren zweiten Welle übersehen. Aber was die Regierenden und ihre beratenden Eliten sowie die Massenmedien nicht übersehen hätten dürfen, stellt sich aus Sicht der Bevölkerung geradezu umgekehrt dar.

Eine Asymmetrie im Versagen von Regierung, Medien und Gesellschaft?

Tatsächlich. Denn war der unbestreitbare Leichtsinn der Massen, ohne konsistente Kommunikation durch Fachleute und Entscheidungsträger, nicht auch allzu verständlich? Gab es nicht vorerst bloß minimale Todesfälle, wenige Infektionen und tief gespaltene Experten? Wie sollten sich Normalbürger auskennen, wenn Fachleute öffentlich und durchaus leidenschaftlich darüber stritten, ob die Infektionsdynamik eher ein testbedingter „Labor-Tsunami" oder ein bedrohliches exponentielles Wachstum oder ob die Infektionssterblichkeit 0,14 oder 0,3 oder 1,1 Prozent sei – anstatt der im Frühjahr vermuteten dreißig Prozent oder der realen elf Prozent Mortalität bei der SARS-Epidemie 2002/2003?

Auch wegen dieser Banalisierung der anfänglich maßlos überschätzten Infektionsmortalität wurden danach die Ansteckungsgefahren unterschätzt – ich nenne es analog zum Präventionsparadox das *Entwarnungsparadox*. So starben alleine im November und Dezember jeweils bis über doppelt so viele Österreicher an oder mit Corona als von Februar bis November zusammen. Das geschah vornehmlich aus grob sorglosen Fehleinschätzungen des hohen Infektionsrisikos, das mit plötzlich niedrigem Sterblichkeitsrisiko diskontiert wurde. Doch bei exponentiellem Wachstum ist eine Steigerung der Übertragbarkeit „R" „tödlicher" als eine gleichermaßen erhöhte Sterblichkeit.[47]

Wie hat sich das auf die Stimmungslage in der Bevölkerung ausgewirkt?

Mit dem Sichtbarwerden rapiden Kontrollverlusts über das Infektionsgeschehen drehte die optimistische Stimmung des Frühjahrs (Kalenderwochen 18–27) allmählich (KW 28–38), um ab Kalenderwoche 38 in vorherrschend pessimistische Einstellungen zu kippen. Wirtschaftlicher Pessimismus verstärkte sich besonders ab Woche 38. Der Verlass auf das soziale Netz sank bereits ab Woche 25, guter Zusammenhalt und Solidarität kontinuierlich von rund 63 Prozent in Woche 18 auf bloß noch zwanzig Prozent in Woche 41.[48]

Glaubten im Oktober nur noch 18 Prozent (gegenüber 53 % im Juni) die Pandemie unter Kontrolle, so war die Stimmung noch weit schlechter als die Lage: Selbst bei den sechzig Prozent der Bevölkerung ohne akute Einkommensverluste wurden künftige Nachteile erwartet. Die Pessimisten, die das Schlimmste noch vor sich sehen, nahmen von Mai bis November von elf auf 44 Prozent zu – und dementsprechend verloren die Regierungsparteien je circa einen Grad auf einer fünfteiligen, notenartigen Bewertungsskala. Bundeskanzler Kurz stürzte von achtzig Prozent Zustimmung im März auf 41 Prozent ab – und fiel erstmals hinter Gesundheitsminister Anschober mit 46 Prozent Zustimmung zurück.

Das Gallup-Institut konstatierte „eine pessimistische Einstellung, Ermüdung und Ratlosigkeit [...], sinkende Zustimmung zu den Regierungsmaßnahmen (mit knapp über 50 % auf dem tiefsten Stand seit 10. März)“ und „sinkende Bereitschaft, Freiheitsrechte aufzugeben“.[49] TQS Research & Consulting[50] beobachte eine stark zunehmende emotionale Betroffenheit von der Pandemie und Sorgen um die eigene Infektionsgefahr. Doch während 91 Prozent bereit waren, sich an einschränkende Maßnahmen zu halten, wurden diese allenfalls von 75 Prozent für sinnvoll gehalten – die Österreicher*innen waren also um einiges fügsamer, als es ihrer eigenen Einsicht entsprach. Doch die Stimmung kippte von April bis Oktober: Die 66 Prozent positiver Erwartungen über „die Entwicklung unserer Gesellschaft durch die Corona-Pandemie“ schrumpften auf 26 Prozent, Veränderungen wurden jetzt als disruptiv und negativ erwartet.

Das verwundert nicht angesichts der verringerten Haushaltsmittel, wo zwar 55 Prozent noch „gleich viel“ hatten, aber zwölf Prozent Gewinnern 34 Prozent Einkommensverlierer gegenüberstanden, die plötzlich mit „etwas oder viel weniger“ Geld auskommen mussten. Gleichzeitig sind negative Erwartungen, „bald eine neue Arbeitsstelle zu finden“, von 39 Prozent im April auf 79 Prozent im Oktober hochgeschnellt. Dass hier bei weitem am meisten (72 %) beim „seltenen oder gar nicht mehr“ Besuch kultureller Veranstaltungen gespart wird, kann kaum erstaunen. So wird, was der Kanzler als „Kulturverliebtheit“ verspöttelte, zuverlässig als Minderheitenprogramm einer „Elite“ marginalisiert.

Und wie wurden die zwei zweiten Lockdowns und der dritte Lockdown von November 2020 bis Februar 2021 aufgenommen?

Tatsächlich gab es drei Anläufe zur (Teil-)Quarantäne, eine weiche zeitgleich mit Deutschland, aber zum Handlungsbedarf stark verspätete am 3. November und zwei verschärfte harte Varianten am 17. November und 26. Dezember 2020 bis 8. Februar 2021. Schon vor Beginn des zweiten Lockdowns light am Wochenende zu Allerheiligen erreichte die Stimmung der Demoralisierung einen neuen Tiefpunkt:[51] Nur noch 42 Prozent meinten, die Regierung habe die Situation im Griff, bloß 24 Prozent glaubten, die Regeln könnten die zweite Welle stoppen. Und satte 61 Prozent wollten sich zu diesem Zeitpunkt gegen Covid-19 sogar dann nicht impfen lassen, wenn der allgemein ersehnte Impfstoff endlich verfügbar wäre, womit die gesamte Krisenstrategie im Corona-Management zusammenzubrechen drohte.

Dennoch bewerteten 55 Prozent die Ausgangsbeschränkungen als „angemessen", acht Prozent sogar als zu wenig strikt, 33 Prozent für übertrieben. Das mochte damit zusammenhängen, dass fünf Prozent die Lage im November als noch kritischer als im März einschätzten, 23 Prozent für ähnlich und nur 19 Prozent für weniger ernst als im Frühling.[52] Man war also bereit für strengere Maßnahmen.

Bis Anfang Dezember sank die Meinung, „dass die österreichische Regierung mit dem Coronavirus richtig umgeht", stetig weiter, von ursprünglich 88 bis 91 Prozent im März auf nun 49 Prozent.[53] Es gab erstmals – im Gegensatz zum Frühjahr – deutliche Mehrheiten für die Sicht, „die Maßnahmen zur Corona-Bekämpfung" wie „Freiheitseinschränkungen", „soziale Isolierung" und „wirtschaftliche Folgen" werden mehr „(gesundheitliche) Schäden" (56 : 39 %) verursachen und „das Leben von mehr Menschen zerstören als Corona selbst" (63 : 28 %). Zwar glaubte man immer noch mehrheitlich, „uns geht es in der Corona-Krise besser als Menschen in anderen EU-Ländern"(53 : 38 %), aber nur mehr Minderheiten (32 : 56 %) sahen „mehr Erfolg bei der Bewältigung der Corona-Krise" bzw. „eine bessere Strategie unserer Regierung" (30 % Zustimmung zu 60 % Ablehnung). Eine Mehrheit war müde, mürbe, immer noch duldsam, aber auch enttäuscht und illusionslos; und eine wachsende Minderheit unduldsamer und widerspenstiger.

Anfang Dezember kippte die Meinung zur Krisenbewältigung ins extrem Negative[54]: Statt 78 Prozent im April glaubten nur noch elf Prozent, das Corona-Management in Österreich sei „besser als in den meisten anderen Ländern der EU", 48 Prozent statt 15 Prozent hielten es für „gleich gut" und 26 Prozent statt zuvor drei Prozent für „schlechter". Unsicherheit (14 % statt 4 % „kann ich nicht sagen") nahm ebenso zu wie Unzufriedenheit mit praktischer Umsetzung der Maßnahmen und eine überraschend kritische Haltung zur großzügigen „Koste es, was es wolle"-Rhethorik der Regierung. Neben den objektiv katastrophalen Infektions- und Sterbe- sowie Wirtschaftsdaten dürften vor allem enttäuschte messianische Erwartungen an den Bundeskanzler, der noch im Juni verkündet hatte, dass „die gesundheitlichen Folgen der Krise überstanden" seien, zur Erbitterung beigetragen haben. Derart desillusioniert bis geradezu verzweifelt rechneten achtzig Prozent der Österreicher bereits zu Beginn erneuter zaghafter Lockerungen mit einem dritten Lockdown – der dann auch prompt erfolgte.

Nun zu Europa: Hat Europa oder die Europäische Union in der Corona-Krise versagt?

Dies war und ist ein weit verbreitetes Klischee und Pauschalurteil, das populären Vorurteilen – und der Strenge einiger Fachleute – entspricht, aber höchstens die halbe Wahrheit ist. Es verdankt sich vor allem den Begriffsverwirrungen über „Europa", seine Grenzen nach außen und innen, die Union und ihre Mitgliedstaaten, die häufig durcheinandergebracht werden.

Ja, insbesondere am Anfang der Krise war es mit der so oft proklamierten europäischen Solidarität nicht weit her. Unkoordinierte wilde Schließungen von Binnengrenzen, Exportverbote für Schutzausrüstung und die ignorante Weigerung, Italien zu helfen, als es am stärksten von der Pandemie und dem Bedarf an Medizinprodukten betroffen war und über den etablierten EU-Katastrophenschutzmechanismus um Hilfe bat, führten zu Aktionen und Szenen, die später auch von Schlüsselakteuren wie Angela Merkel als „beschämend“ eingestanden werden mussten. Dies bot der chinesischen Regierung eine billige Gelegenheit, Unmengen an knappen Gütern bei größter Nachfrage zu liefern und sie mit großen politischen Propagandagesten für die EU-Mitgliedsländer und die Beitrittsländer am Westbalkan bereitzustellen.

Trotz häufiger Qualitätsmängel, wie von europäischen Kunden beanstandet, waren die schieren Mengen an medizinischen Gütern, die in den ersten Wochen der Quarantäne an ein an lebensrettenden medizinischen Waren und Geräten ausgehungertes EU-Europa geliefert wurden, beeindruckend. Sie eigneten sich gut zu beschämender Propaganda: 3,86 Milliarden Atemmasken (von gemischter Qualität), 38 Millionen Schutzkleidung, 2,4 Millionen berührungslose Infrarot-Temperaturmessinstrumente und Wärmebildkameras, 16.000 Lungenbeatmungsgeräte, unzählige Tonnen 62- bis 71-prozentiges Ethanol und andere Desinfektionsmittel, Testkits, diagnostische Reagenzien usw. wurden alleine zwischen Mitte März und 7. April aus China nach Europa geliefert. Der Propagandakrieg konnte die demütigende Tatsache der Abhängigkeit Europas von chinesischer Versorgung mit medizinischen Gütern, die für Überleben und Aufrechterhaltung des Gesundheitssystems unerlässlich sind, kaum verbergen. Um die Schmach zu vervollständigen, wurden Hilfsgüter oder Ärzte nicht nur aus China, sondern auch aus Russland und Kuba nach Europa und Italien geschickt.

Doch das Europa der Union könnte derzeit grundsätzlich keine regionale Rolle bei der kontinentalen Reaktion auf eine globale Pandemie spielen. Gemäß Artikel 6 des Vertrags hat die Europäische Union in Fragen der öffentlichen Gesundheit nur eine „unterstützende“ Funktion, und selbst diese koordinierende Aufgabe muss vom Rat der nationalen Minister aktiviert werden. Auf dem Verfassungskonvent von Lissabon 2002 wurde zwar unter dem Eindruck der drohenden SARS-Pandemie eine Notfallkompetenz der EU bei grenzüberschreitenden Pandemien diskutiert, aber nicht entschieden – Gesundheit blieb die ausschließliche Domäne der Mitgliedstaaten. Die Kommission ist daher vollständig von der Weisheit, den Fähigkeiten und dem guten Willen ihrer Mitgliedstaaten abhängig. Trotz dieser strukturell einschränkenden Unzuständigkeit an Jurisdiktion handelte die Kommission viel schneller und klüger als allgemein wahrgenommen.

Lagen die Fehler also weniger bei der Europäischen Union als bei den EU-Mitgliedstaaten?

Ja, erinnern wir uns an einige Tatsachen, die in öffentlichen Debatten meist übersehen werden. Bereits Mitte Januar, als Expertengremien wie das Robert-Koch-Institut keinen drohenden Ausbruch der Epidemie erwarteten, veröffentlichte die Kommission eine später ständig aktualisierte Risikobewertung. Ende Jänner aktivierte sie ihren Katastrophenschutzmechanismus, indem sie Vorsichtsmaßnahmen forderte, um EU-Bürger zurückzuführen, viele Wochen bevor ihre Mitgliedstaaten tatsächlich damit begannen. Noch bevor die formell zuständige WHO und WHO-Euro dies taten, wurden ganz spezifische Warnungen vor Gesundheitsrisiken bezüglich der Virenübertragung von Mensch zu Mensch und Richtlinien für Labortests herausgegeben.

Und die Kommission begann, gemeinsame Beschaffungsmaßnahmen für Schutzausrüstung, Beatmungsgeräte auf Intensivstationen und Testkits durch die Kommissare Stella Kyriakides (Gesundheit und Lebensmittelsicherheit) und Janez Lenarčič (Krisenmanagement) anzubieten. Ihre Pressekonferenz am 29. Jänner wurde jedoch sowohl von den Mitgliedstaaten als auch von den nationalen und internationalen Medien völlig ignoriert. Die nationalen Regierungen meldeten „alles unter Kontrolle“ und bestätigten faktenwidrig ausreichend medizinische Ausrüstung; während Journalisten die Kommissare wegen vermeintlich „exzessiver Maßnahmen“ angesichts von nur acht Infektionsfällen kritisierten.

Wäre die Initiative der Kommission von den Mitgliedstaaten zu ihrem eigenen Vorteil aufgegriffen worden, hätten sie sich den peinlich-wilden, chaotischen und sündteuren Überbietungswettbewerb nationaler und subnationaler Akteure erspart. Ob die Mitgliedstaaten zögerten, die bessere Marktmacht eines vereinten Europas zu nutzen, weil sie schmerzhafte Erinnerungen an eine Überbeschaffung während der „Vogelgrippe", der „Schweinegrippe" und der „Neuen Grippe"-Pandemie im Jahr 2010 hatten oder aber weil ein bevorstehender SARS-CoV-2-Ausbruch unterschätzt wurde, wissen wir nicht. Beides scheint eine große Rolle gespielt zu haben.

Die Logik nationalstaatlicher Beschaffung hatte nicht funktioniert?

Offensichtlich nicht. So hatte Deutschland vor einem Jahrzehnt 34 Millionen Impfstoffdosen gegen die neue Grippe gekauft, von denen es 28 Millionen ungenützt wegwerfen musste. Und in Österreich erinnert man sich bis heute an neun Millionen Masken gegen die Vogelgrippe, von der damaligen Gesundheitsministerin gekauft, die später ebenfalls entsorgt werden mussten. Das politische Risiko kostspieliger Lagerung oder Vernichtung wurde nationalstaatlich offenbar noch zu Beginn der Krise als größer angesehen als das Fehlen gemeinsamer Versorgung mit medizinischen Gütern und Gerätschaften im Falle eines bevorstehenden Pandemieausbruchs. Nur zwei Wochen später zeigte sich freilich die genau entgegengesetzte Risikobewertung seitens der EU-Mitgliedsländer.

Die Konferenz der Gesundheitsminister in Brüssel fand am 13. Februar mit wochenlanger unnötiger Verzögerung wegen innenpolitischer Spielchen und Manöver um einen vakanten Ministerposten in der kroatischen Regierung statt, die im ersten Halbjahr 2020 die EU-Präsidentschaft innehatte. Im Gegensatz zu ihren selbstbelobigenden, aber auch selbsttäuschenden Erklärungen Ende Jänner hatten die Mitgliedstaaten inzwischen erkannt, dass die angeblich ausreichend gelagerten Sanitär- und Hygieneprodukte und medizintechnischen Geräte fast überall Potjemkinsche Dörfer und mehrere Länder nicht einmal in der Lage waren, aktuelle nationale Inventare zu beschaffen. Daher forderten sie nunmehr die Kommission auf, ihnen doch Waren von Masken bis zu Lungenbeatmungsgeräten zu beschaffen. Sie taten das aber erst, als dies auf den globalen Märkten, die von asiatischen und chinesischen Herstellern dominiert sind, immer schwieriger wurde – oder teils bereits zu spät war.

Gibt es eher einen Zusammenbruch der europäischen Solidarität oder nolens volens eine Bewegung in Richtung eines „vereinteren Europas"?

Eigentlich passierte beides und – paradoxerweise – zur gleichen Zeit. Gelegentlich war die Gleichzeitigkeit der Ereignisse ebenso grotesk wie tragisch. So posierten am 22. Februar die österreichischen Behörden (vertreten durch den Innenminister und den Präsidenten des Roten Kreuzes) für die Medien vor 27 Tonnen aufgetürmter Sanitärausrüstungen wie Masken, medizinischen Handschuhen, Schutzbrillen und Desinfektionsmitteln, die als Zeichen europäischer Solidarität mit China (hauptsächlich von Österreich getragen) von Wien nach Wuhan geschickt wurden. Weniger als eine Woche später, am 28. Februar, ignorierten Österreich und alle anderen EU-Länder den italienischen Hilferuf nach medizinischen Geräten über den Katastrophenschutzmechanismus völlig.

In diesem entscheidenden Moment der Geschichte war Rom den europäischen Nachbarn und Partnern in der Union weiter entfernt als Wuhan. Dementsprechend wurde es von Hauptstädten wie Peking, Moskau und Havanna schneller und effektiver unterstützt als vom benachbarten Wien. Im Übrigen irritierte die österreichische Regierung Italien im Verlauf der Krise immer wieder – mit national-patriotischen Untertönen bei Fremdenverkehrswerbung und Reisebeschränkungen für Touristen bis hin zu politischen „Frugalitäts"-Kampagnen und Kontrollbedingungen für europäische Rettungsfonds, die von Italien als erniedrigend empfunden wurden. Der Kanzler selbst kanzelte Italien beleidigend als „in seinem System kaputt" ab, um die Gesundheitskrise in Italien zu erklären. Wie meist führte die Krise eher zu schäbigen nationalistischen Reflexen und Rivalitäten als zu aufgeklärter Solidarität. Sicher ist jedoch, dass die Europäische Kommission – trotz gesetzlicher Beschränkungen, nur Maßnahmen der Mitgliedstaaten ergänzend zu koordinieren – häufig schneller, umsichtiger und weitblickender auf die Krise antwortete als andere zwischenstaatliche und Experteninstitutionen – und vor allem ihre eigenen Mitgliedsländer. Während also die EU-Kommission nur an Regierungen appellieren und keine europaweite Pandemiestrategie umsetzen kann, war sie etwas avantgardistischer als die meisten Mitgliedstaaten, die den Vorrang einer verwirrenden Kakophonie stark divergierender nationaler Politiken über gut organisierte und koordinierte europäische Strategien beibehalten wollten.

Gibt es Beispiele für überlegenes Handeln der Union gegenüber den Mitgliedstaaten?

Ich teile die These vom *krisenhaften „Vorwärtsstolpern"*, dem *„failing forward"* als genuiner Fortbewegungsart der EU. Beeindruckend war etwa, wie rasch und entschlossen die Kommission dem Aufwallen eines brandgefährlichen Nationalismus Einhalt gebot. Als Frankreich Anfang März ein strenges Ausfuhrverbot für medizinische Schutzausrüstung erließ, Deutschland sofort folgte – und sogar bereits bezahlte Ware aus Österreich beschlagnahmte, ebenso wie Tschechien Schutzmittel für Italien – verfügte die EU-Kommission mit 14. März eine Durchführungsverordnung, die der „tödlichen Bedrohung für die Union" (Jacques Delors) durch diesen Spuk antieuropäischen Handelns ein sofortiges Ende bereitete.[55]

Das Ringen um den Corona-Wiederaufbaufonds in Brüssel und Straßburg zwischen Juli und Dezember wurde durch eine von Macron und Merkel initiierte Einigung aller 27 in einen europapolitischen Befreiungsschlag verwandelt. Erstmals brach Deutschland sein Tabu gemeinschaftlicher Schuldenaufnahme zur Unterstützung besonders pandemiegeschädigter Südländer mittels Krediten und Direktzahlungen – trotz Widerstands einiger knausriger „Frugaler“ in Nord- und Mitteleuropa. Mit der stärkeren Kontrolle europäischer Geldflüsse verlagerte sich der ursprüngliche Nord-Süd-Konflikt in West-Ost-Spannungen, denen längerfristig wohl nur mit einem neuen, flexibleren *EU-Integrationsmodell variabler Geometrie* beizukommen sein wird.

Entscheidend und offen bleibt, ob Europa letztlich in der Lage sein wird, die Bewältigung grenzüberschreitender Epidemien zu europäisieren. Das erforderte auch, das etwas bescheiden ausgestattete und ein bisschen verschlafene Europäische Zentrum für die Prävention und die Kontrolle von Krankheiten (ECDC) der Europäischen Union in Stockholm auf ein Niveau zu bringen, das zumindest nicht unterhalb jenem nationaler Institutionen liegt. So hat z. B. das Robert-Koch-Institut in Deutschland ein Mehrfaches an finanziellen und personellen Mitteln und an operativen Kompetenzen als sein EU-Gegenstück. Der künftige Primat Europas, etwa durch koordinierte Beschaffung nicht nur von Impfstoffen, wird ein Lackmustest dafür sein, ob wir aus dieser Krise genug für die unvermeidliche nächste Pandemie gelernt haben.

Die Einigung zum siebenjährigen Finanzrahmen und den Corona-Hilfen über 1,8 Billionen Euro zeigte sowohl die beispiellosen Fortschritte der EU als auch die verbleibenden nationalistischen Grenzen europäischen kollektiven Handelns bei der Bewältigung von (Post-)Pandemie-Krisen. Ivan Krastev sieht zumindest eine Chance für ein „vereinteres Europa“, ein „vereinteres Europa und ein mit Notvollmachten ausgestattetes Brüssel als die einzige realistische Lösung im Umgang mit der nächsten Phase der Krise“[56], eine gute Chance, nicht mehr, aber auch nicht weniger.

Welche Beobachtungen könnten uns in einer global vergleichenden Sicht besonders nachdenklich stimmen oder beunruhigen?

Global betrachtet zeigten der Macho-Schwachsinn von Bolsonaro über Trump bis Lukaschenko ebenso wie die gewalttätigen Exzesse von Uganda über Südafrika bis zu den Philippinen Dutertes, der Polizei und Militär einfach „erschießen" lässt, „wenn jemand Ärger macht", was unter Pandemieregimes schon heute alles möglich ist. Das geht bis hin zu einer quasi seuchenkriegsbedingten Aufhebung des fast universell heiligen Tötungsverbots. Für Europa waren, offen gesagt, gerade nicht die erwartbaren autoritären Übergriffe der deklariert illiberalen Führer in Ungarn und Polen am bemerkenswertesten. Am nachdenklichsten machten beunruhigende Nachrichten ausgerechnet aus dem Land eines Präsidenten, der sich ausdrücklich als sozialliberaler europäischer Gegenspieler zu den Autokraten Zentral- und Osteuropas versteht, nämlich Frankreichs Emmanuel Macron.

Bereits einen Monat nach Verhängung der Ausgangsbeschränkungen am 17. März berichtete Innenminister Christophe Castaner von wiederholten Ausschreitungen Jugendlicher, von Brandsätzen und Zusammenstößen mit der Polizei – und gleichzeitig von 15,5 Millionen (!) Kontrollen und 915.000 Verwarnungen. Das waren eine unglaubliche halbe Million Kontrollen und 30.000 Strafmandate bzw. Anzeigen tagtäglich, phasenweise bis über viermal so viele wie im ebenfalls – und ebenfalls aus Hilflosigkeit gegenüber der Seuchendynamik – kontroll- und strafwütigen Italien.

So glaubte man das Land nicht im pathetisch angekündigten und ziemlich glücklosen „Krieg gegen das Virus", sondern Regierung und Exekutive eher im Krieg gegen die eigene, gleichsam durch Gelbwestengewalt verseuchte Bevölkerung. Hier schien eine poujadistisch und mitunter protofaschistisch inspirierte gewalttätige Revolte der „Gilets jaunes"-Bewegung das gesamte Gemeinwesen mit Gewalt und Kriegspielen infiziert zu haben.

Wo werden wir als Gesellschaft im Frühjahr 2022 stehen? Und was werden die langfristigen Folgen der aktuellen Corona-Krise für unsere Gesellschaften sein?

Schwer zu sagen, außer für Propheten oder Scharlatane. Sicher schien schon im März 2020, zu Beginn der Krise öffentlicher Gesundheit, nur, dass die Wirtschaftskrise und ihre sozialen Nachbeben sehr viel schlimmer sein würden als die 2021 wohl eher „beendete" bzw. „normalisierte" Gesundheitskrise. Dagegen könnten gesellschaftliche Umwälzungen durchaus positives, sogar unumkehrbares Lernpotenzial haben. Am naheliegendsten wäre das beim Impfschutz. Denn vielleicht nehmen wir endlich erstmals die über hunderttausend weitgehend vermeidbaren Toten der gewohnten, alljährlichen Grippewellen zur Kenntnis – und ernst, so die aufklärerische Hoffnung zu Beginn der Pandemie.

Vielleicht verzichten daher künftig nicht mehr bis zu 92 Prozent der Mitbürger auf freiwillige Impfungen gegen Influenza, so hoffte ich im Frühjahr. Prompt ließ sich bereits im Herbst und Winter ein stark vermehrter Andrang zur Grippeimpfung beobachten. Zuvor hatten sich nur 15 bis 20 Prozent selbst der risikoexponierten Altersgruppen 70+ impfen lassen – gegenüber einer +50-prozentigen Mehrheit in Schweden. Bis zum Jahreswechsel 2021 gab es erstmals keinerlei Grippeerkrankungen. Darüber hinaus werden aber auch Diskussionen um Impfpflichten gegen übertragbare Krankheiten – von Polio oder Kinderlähmung über Masern, Mumps, Röteln, Diphterie, Tetanus, Hepatitis B, Pneumokokken, Keuchhusten, Tuberkulose bis hin zu Papillomaviren und folgebedingten Krebsarten – sowie Fragen nach zulässigen Freiheitsbeschränkungen durch staatliches Risikomanagement wieder aktueller werden.

Die langfristigen und nicht bloß gesundheitspolitischen Auswirkungen der aktuellen Corona-Krise sind definitionsgemäß unprognostizierbar, weil kontingent, abhängig von unserem Handeln. In extremis ermöglicht das sowohl fantastische Lernpotenziale wie auch desaströse, brandgefährliche Fehlentwicklungen, beides mit potenziell fast unumkehrbaren „Sperrklinkeneffekten". Und vor allem die gesamte Bandbreite wahrscheinlicherer Entwicklungen dazwischen. Welche der Möglichkeiten wir – genauer: unsere gewählten Regierenden – für uns wählen, entscheidet darüber, welche der vielen möglichen Zukünfte wir erwarten dürfen.

Sind Impfpflichten mit liberaler Demokratie und freien Gesellschaften vereinbar?

Was Corona betrifft, derzeit nicht, aber salopp gesagt: grundsätzlich eher mehr als weniger, verglichen mit Zwängen wie Schulpflicht und Radhelmpflicht für Kinder, Gurtenpflicht für Autofahrer, Sturzhelmpflicht für Motorradfahrer. Würden freiwillige Impfungen so gut angenommen wie Ski- oder Snowboardhelme, könnte man auf Gebote leicht verzichten. Da rabiate Impfverweigerung von Pocken bis Polio und Masern im Gegensatz zum Helmgebrauch aber nicht nur Selbstgefährdung, sondern auch Gemeingefährdung bedeutet und angesichts sehr hoher Teilnahmeerfordernisse zum Erreichen von Gemeinwohlnutzen an Immunität gegen Verseuchung, stellen sich ethische und moralische Fragen hier sehr viel schärfer. Rein juristisch wäre eine Impfpflicht, auch gegen Corona, unter bestimmten Auflagen kein Problem.

Doch ob rechtlich zulässig, vernünftig und berechtigt oder nicht: weit verbreitete Impfskepsis oder gar Impfwiderstand militanter Gegner würden bei Pflichtimpfungen in liberalen und pluralistischen Gesellschaften vermutlich zu neuen säkularen Glaubenskriegen und politisch hochgepeitschten, quasi-religiösen Konflikten führen. Daher stimmt selbst eine Mehrheit jener, die Impfpflichten prinzipiell befürworten, aus rein pragmatischen und politischen Gründen des sozialen Friedens – und wegen noch ungeklärten Schutzes für andere – bei Corona vorerst gegen „verpflichtende" (19 %) und für „freiwillige" Impfungen (81 %)[57].

Überzeugte Impfbefürworter fragen dennoch: Stemmen sich nur noch Taliban in Afghanistan und Pakistan und Boko Haram in Nigeria gegen Pflichtimpfungen gegen Polio? Wer sonst als verrückte Fanatiker richten Morddrohungen etwa gegen Italiens erste coronageimpfte Krankenpflegerin oder den führenden Salzburger Krebsforscher wegen Impfstudien – oder ermorden gar massenhaft Impfpersonal, das Kinder vor Kinderlähmung bewahren will? Und haben die Taliban seit Andreas Hofer, der „heilige Kriege" etwa gegen die Pockenimpfung führte, keine Geistesverwandten bei uns? Seit 1809 mutiert der Verschwörungsverdacht, es werde den braven katholischen Tiroler Seelen „bayrisches Denken" oder gar „Protestantismus eingeimpft", ständig, bis zu Bill Gates 2020.

Rund um Impfpflichten gibt es viele Rätsel: Wieso etwa gab es, von Napoleon bis Bismarck, zuerst von Spitalspatienten über Soldaten bis zur gesamten Bevölkerung stets erweiterte und dann wieder völlig verschlampte Pflichtimpfungen, mit durchaus dramatischen Folgen? Wieso gab es im Deutsch-Französischen Krieg 1870/71 trotz Impfpflicht mehr Pockentote als Kriegstote – aber gleichzeitig hundertmal (!) mehr Pockentote auf französischer als auf deutscher Seite? Warum veranlasste erst die massenhafte Infektion der deutschen Zivilbevölkerung durch französische Kriegsgefangene Bismarck zum Reichsimpfgesetz 1874, mit einer zweimaligen Impfpflicht für alle? Noch im Ersten Weltkrieg kamen mehr Menschen durch die Spanische Grippe, gegen die es keinen Impfschutz gab, als durch Kampfhandlungen zu Tode.

Bedeutet das in Zukunft mehr Spannungen zwischen Gesundheit und Freiheit? Und besteht Gefahr für unsere Demokratie?

Ohne Frage *das* Dilemma. Ich wage als weitere Prognose, dass Einschränkungen bürgerlicher Freiheiten in liberalen Demokratien, wenn überhaupt, einvernehmlich (!) nur im Zeichen akuter Gesundheitskrisen wie Seuchen oder nuklearer, Umwelt- oder Klimakatastrophen umsetzbar sind. Im Gegensatz dazu würde ein Notstand wegen kriegerischer oder gewalttätiger Konflikte wie der Gelbwestenaufstände oder bei Massenmigration selbst nur weitere Gewalt hervorrufen. Was ich bereits 2013 als „sanitizing" und „sanitarianism" analysierte[58], eine Art hygiene-obsessives Keimfrei-machen-Wollen sozialer Gefüge, eine umfassende Sterilisierung des infektionsbedroht imaginierten „Volkskörpers", könnte selbst eine stille, mehrheitsfähige Ausschaltung der Demokratie auf demokratischem Wege legitimieren.

Wir sollten uns nicht wundern, was im Namen und Gebote „öffentlicher Gesundheit" – und zwar nur der „Gesundheit" als unserer säkularen Ersatzreligion – alles möglich und legitim werden könnte oder in einem weltweiten politmedizinischen Laboratorium tagtäglich irgendwo (nicht nur in China und der Türkei) bereits praktiziert wird. Das reicht von „strikter Quarantäne für alle Senioren" oder rastergefahndeten „Risikogruppen" bis zu „totaler Ausgangssperre für alle", wie sie manche Virologen befürworten.

In Österreich soll zu Beginn der Quarantäne der Ärztekammerpräsident „Bundesheersoldaten vor den Ordinationen", also militärischen Schutz der Ärzte, gefordert haben. Vor wem – vor ihren Patient*innen?[59] Und wie viele andere überängstlich kopflose Pandemie-Panikattacken (oder umgekehrt: Bagatellisierungsversuche) von Fachleuten, die es besser hätten wissen müssen, konnten wir beobachten? Anderseits könnte gerade eine erfolgreiche Abwehr auch plausibler autoritärer Versuchungen in Notstandszeiten dauerhaft gegen illiberale Ansteckung immunisieren, damit etwa aus Big Data nicht Big Brother à la Orwell oder Wuhan 2020 wird. Hören wir auf die Warnungen von Yuval Noah Harari[60] oder Juli Zehs „Das Gegenteil von Freiheit ist Gesundheit".

Muss man sich angesichts der aktuellen Entwicklungen in Europa Sorgen um die Demokratie machen?

Sorge um die Demokratie ist – wie die um unsere Gesundheit, Sicherheit oder auch Innovationskraft – immer angebracht. Nur eine so erfahrene, diktaturerprobte und geschichtsbewusste „Ossi" als Regierungschefin wie Angela Merkel konnte das Dilemma legitimen Seuchenmanagements auf die demütig griffige Formel einer Quarantäne als „demokratischer Zumutung" der Herrschenden gegenüber dem Volk bringen.

Einen auf ewig unerschütterlichen Schatz („acquis") an Freiheits- und Sozialrechten (oder auch Wettbewerbsvorteilen) gibt es nie. Die Selbstgefährdung jeder Demokratie liegt darin, dass sie auch in akuten Gefährdungslagen wie Kriegen oder Seuchen nicht „heruntergefahren" werden kann. Das ist derzeit noch viel virulenter, weil Gesundheit als eine Art verweltlichter Ersatzreligion fraglos der unstrittigste aller innerweltlichen Werte ist.

Was bedeuten die Thesen von „Gesundheit als säkularisierter Ersatzreligion" und vom obersten Grundsatz der „Lebensheiligkeit"?

Gesundheit als neuheidnischer und zugleich höchster aller Werte verschmilzt umstandslos mit der jahrtausendealten jüdisch-christlichen *Lebensheiligkeit*. Zu ihr verstehen wir uns fast alle ausnahmslos, bei Strafe der totalen sozialen Ausgrenzung, also des sozialen Todes. Diese unanfechtbare Lebensheiligkeit, hinter der alles, wirklich alles zurückzustehen hat, macht natürlich Tod – und prognostizierte, mögliche, rein virtuelle, aber eben vermeintlich oder wirklich vermeidbare

„Tote“ sonder Zahl unter glaubwürdigen Modellannahmen bester Experten – zu *dem* Totschlagargument.[61]

Das Nichtvermeiden vermeidbaren Todes kommt dann im besten Falle einer leichtfertigen, fahrlässigen Tötung gleich, im schlimmsten Fall vorsätzlichem Mord. Wenn Kanzler und Innenminister von „Lebensgefährdern“ sprachen, wenn Menschen – ohne oberstgerichtlich festgestellte rechtsgültige, gesetzliche Verpflichtung dazu! – nicht isoliert zuhause blieben, insinuierten sie genau diese Verbrechen gegen das Gemeinwohl. In dieser totalisierenden Logik rechtfertigt die Vermeidung vermeidbaren Todes alles – einschließlich der konditionalen Suspendierung selbst elementarster demokratischer Freiheits-, Bürger- und Menschenrechte. Setzt man einen Wert wie die Lebensheiligkeit absolut, so kann das freilich nicht nur das Aufrechterhalten anderer Grundwerte untergraben, sondern auch die Heiligkeit des Lebens selbst zerstören, indem das beabsichtigte Totschlagargument als scheinheiliger Vorwand und Heuchelei entlarvt und damit als Leitwert irreparabel zersetzt wird.

Aber ist die Berechnung von sozialem Schaden, menschlichem Leid und Verlusten nach Maßen „heiligen“ Lebens und vorzeitigen Todes nicht ein zivilisierterer, humanerer Ansatz zur Bewertung von Krisenfolgen als eine knallharte finanzielle Kosten-Nutzen-Analyse?

Sie haben recht, solche radikal neuen Systeme zum Verständnis und zur Messung von Lebensqualität, Wohlstand, Wohlfahrt und Wohlbefinden könnten einer der wichtigsten langfristigen Kollateralnutzen der Corona-Krise sein. Lassen Sie mich auf ein Beispiel verweisen, das bereits im Bericht des Europäischen Zentrums für Wohlfahrtspolitik und Sozialforschung von 1993 an die UNO-Sozialministerkonferenz in Bratislava[62] entwickelt wurde. Wir hatten vorgeschlagen, die menschlichen Kosten sozialer Vernachlässigung und Desintegration rund um die nichtfinanziellen Kosten der Arbeitslosigkeit zu messen – menschliche Verausgabungen und Verluste in Bezug auf Leben und Lebensverkürzung, Gesundheit, Wissen, Fähigkeiten und Arbeitsvermögen, Wohlstand und Eigentum.

Seit den 1980er-Jahren sahen neoliberale Ökonomen und politische Entscheidungsträger ein bestimmtes Maß an Arbeitslosigkeit entweder als unvermeidlich und akzeptabel an – oder sogar als wirtschaftlich wünschenswert und „gesund". Die allgemeinen Produktivitätsvorteile und der makroökonomische Nutzen würden gegenüber den unvermeidbaren Kosten überwiegen. Gleichzeitig begannen unorthodoxe Ökonomen sowie Wissenschaftler im Bereich öffentlicher Gesundheit und Management, für die USA die menschlichen Kosten wirtschaftlicher Rezession und Arbeitslosigkeit zwischen 1976 und 1992 in Bezug auf Gesundheit und Kriminalität zu berechnen, etwa in zwei Studien der Universität von Utah und der Johns Hopkins University.

Was waren die empirischen Ergebnisse, wie viel kostet ein Prozent mehr Arbeitslosigkeit in Leben, Gesundheit, Kriminalität – in Summe in vorzeitigem Tod?

Diese Studien zeigten wirklich schockierende Ergebnisse, wobei die Zahl der Todesopfer viel höher war, als selbst von kritischen Experten erwartet wurde. Ein Anstieg der Arbeitslosenquote um ein Prozent führte somit zu 5,6 Prozent mehr Todesfällen durch Herzinfarkte, d. h. 17.654 bis 17.800 zusätzliche Herztode; + 3,1 Prozent Tod durch Schlaganfälle, d. h. 1386 zusätzliche Tote durch Schlaganfälle; + 3,6 Prozent Selbstmorde, d. h. 1170 zusätzliche Suizide; + 6,7 Prozent Morde, d. h. 730 bis 760 zusätzliche Mordopfer; + 3,4 Prozent Gewaltverbrechen, d. h. 31.304 zusätzliche Opfer von Gewaltverbrechen gegen Leib und Leben; und + 2,4 Prozent Straftaten gegen Eigentum, d. h. 111.775 zusätzliche Opfer von Eigentumsdelikten. Insgesamt waren dies 21.116 Menschen, die aufgrund von Gesundheitsrisiken im Zusammenhang mit dem Verlust von Arbeitsplätzen vorzeitig ums Leben kamen, und 143.079

Menschen, die Opfer von Straftaten wurden – bei jeweils nur einem einzigen Prozent mehr Arbeitslosigkeit.

Aufgrund der Corona-Krise sprang die US-Arbeitslosenquote von 3,5 Prozent im Februar 2020 auf 19,7 Prozent im April. Das war der schlimmste Anstieg von Massenarbeitslosigkeit seit der Weltwirtschaftskrise nach 1929. Allein im April 2020 gingen 20,5 Millionen Arbeitsplätze verloren und zwischen Februar und Mitte Juni 45,6 Millionen Arbeitsplätze. Bis April war die Arbeitslosenquote mit knapp zwanzig Prozent rund doppelt so hoch wie nach dem globalen Finanzcrash 2008 mit rund zehn Prozent. Nach den Maßstäben der 1970er- bis 1990er-Jahre würde die Zahl der Todesopfer bei indirekten, Nicht-Coronavirus-Corona-Opfern deutlich über 342.000 zusätzlichen Toten und 2.318.000 Opfern krimineller Straftaten liegen, von denen mehr als eine halbe Million (507.000) Menschen Opfer von Gewaltverbrechen sein würden. Die indirekten Todesfälle infolge der Corona-Krise, die nicht am Virus, also „ohne, aber wegen Corona" sterben, dürften zwischen der Hälfte mehr bis etwa doppelt so hoch werden wie die Zahl der direkten Covid-19-Toten.

Neben diesen hunderttausenden Toten „ohne, aber wegen Corona" sterben aber weiterhin hunderttausende US-Bürger „an" oder „mit Corona"?

Für die USA wie auch für Europa war das große Sterben[63] 2020 tatsächlich katastrophal: Jeder 25. Erdenbürger, aber jeder vierte Infizierte und jeder fünfte Covid-Tote weltweit war aus den USA. Die Übersterblichkeit bewegte sich im Jahresvergleich bei über 400.000 oder zwanzig Prozent mehr Tote als in den vergangenen Jahren. Die höchste Übersterblichkeit war überraschenderweise nicht bei den Alten zu beobachten, sondern bei jungen Erwachsenen in den „besten Jahren", im Alter von 25 bis 44.

Die gesamte Übersterblichkeit entspricht ziemlich genau der Zahl der getöteten US-Soldaten im Zweiten Weltkrieg –

oder 160-mal Pearl Harbor, drei Vietnamkriegen, 125-mal oder jeden dritten Tag ein 9/11 und anderen horriblen geschichtsmächtigen Ereignissen. So starben etwa am 31. Dezember mit 3460 Menschen wie die Tage davor tagtäglich mehr Amerikaner an Covid-19 als beim Angriff auf Pearl Harbor am 7. Dezember 1941 (2402 Tote) oder bei den 9/11-Terrorattacken 2001 (2977 Tote).

Woran sterben diese Menschen?

An ihrem coronabedingt beengteren Leben: an Schlaganfällen, Gehirnblutungen, Herzinfarkten, Aortenrissen, Lungenembolien, fehlender Prävention und vernachlässigter medizinischer Versorgung bei Krankheiten und Unfällen, Demenz, anderen Infektionskrankheiten von Malaria bis HIV/Aids, Verlust sozialer Bindungen und Netzwerke, von Jobs und Einkommen, Suiziden aus Depression, Gewalt, auch häuslicher gegen Leib und Leben, sozialem Abstieg, Armut, Kriminalität, Alkohol- und Drogenmissbrauch oder – in den ärmsten Ländern und Sozialschichten – Hunger oder Fehlernährung. Auch hier ist eine öde Leichenzählerei möglich wie bei den „mit" oder „an" Covid-19 – oder der jährlich an Grippe oder durch Hitzewellen Verstorbenen.

Hochrechnungen wie die obige für die USA geben zu denken: Jedes Prozent Arbeitslosigkeit mehr hat eine angebbare Zahl von Nichtvirus-„Corona-Opfern zweiter Ordnung". Massenarbeitslosigkeit ist massenhafter vorzeitiger Tod und weniger gesunde Lebensjahre. Wann wird es auch dafür regelmäßige Dashboards geben, die uns für die menschlichen Kosten politischer Vernachlässigung durch Massenarbeitslosigkeit, Verarmung, Deprivation, Delinquenz, Suchtkrankheiten usw. sensibilisieren?

In den USA unter Trump lassen sich zumindest 33 Prozent der Übersterblichkeit, d. h. der Differenz zwischen beobachteter und langjährig erwartbarer Mortalität, nicht nachweislich auf das Virus zurückführen, zwei Drittel auf Covid. Allein in der ersten Welle von 1. März bis 1. August verstarben 225.530 US-Bürger*innen oder ein Fünftel mehr als üblich, für das Gesamtjahr 2020 werden über 400.000 ungewöhnlich vermehrte Todesfälle als Folge der Pandemie geschätzt.[64] Das ist, wie gesagt, ein tödlicher Einschlag von der Dimension des letzten Weltkriegs, so viele ansonsten überlebensfähige Menschen verloren ihr Leben in einem einzigen Seuchenjahr.

Wer sind die primären Opfer dieser Übersterblichkeit? Und wie viele Lebensjahre gehen vorzeitig verloren?

Während das Sterberisiko mit dem Alter extrem stark ansteigt, haben überraschenderweise dennoch nicht die Alten die höchste Übersterblichkeit und die meisten vorzeitig verlorenen Lebensjahre zu beklagen, sondern ausgerechnet junge Erwachsene vor oder im „besten Lebensalter" – zwischen 25 und 44 Jahren. Weder bei den +65-Jährigen, noch weniger bei den über Achtzigjährigen war die Übersterblichkeit so hoch wie (mit 26 Prozent gegenüber den Vorjahren) bei den Jüngeren.[65] Vorzeitiger Corona-Tod und Covid-kollaterales Sterben trifft die meisten noch vor dem mittleren Alter Anfang vierzig, das die Bevölkerung in zwei gleich große Altershälften teilt.

Es kostet bei den Jüngeren auch die meisten der geschätzten, bis Oktober vorzeitig verlorenen 2,5 Millionen Lebensjahre. 45 Prozent des vorzeitigen Todes trifft Menschen unter 65 Jahren (bei Männern sogar 50 %, Frauen 38 %), wie der Genetiker Stephen J. Elledge von der Harvard University errechnete[66]. Latinos haben mit 53,3 Prozent die bei weitem höchste Übersterblichkeit, vor asiatischen (36,6 %) und afroamerikanischen (32,9 %) US-Bürgern. Vorzeitiger Tod im Jahr 2020 ereilte Amerikaner durchschnittlich 13,25 Jahre vor ihrer jeweiligen Lebenserwartung, Frauen mit höherer Lebenserwartung und geringerem Covid-19-Risiko 12,4, Männer 13,9 Jahre vor dem „natürlich" erwartbaren Lebensende.

Wie auch die CDC-Studie erklärt der Autor den erstaunlichen, größten Anstieg bei der Übersterblichkeit junger

Erwachsener, dass diese zwar sehr selten, aber bei frühem Tod eben jeweils auch sehr viel mehr Lebensjahre vorzeitig verlieren als ältere oder hochaltrige Menschen. Dazu passt auch der ebenfalls überraschende Befund, dass die Übersterblichkeit Älterer zwischen 65 und 74 am höchsten ist und dann mit jedem weiteren Lebensjahrzehnt abnimmt, besonders bei Hochaltrigen über 85. Jedenfalls ist es ein tragischer Trugschluss, dass ein hohes CoV-2-Sterberisiko alter Menschen, „die ohnedies bald an anderen Ursachen verstorben wären", schwerwiegenden Folgen für Junge und die Gesellschaft insgesamt ausschließen würden.

Dabei sind die berichteten Covid-19-Toten weit unter der Gesamtzahl aller Todesopfer, die neben der virusbedingten Übersterblichkeit einen hohen Anteil an Toten aus pandemiebedingten Störungen des Gemeinwesens ohne virale Infektionen beinhalten. Bei diesen indirekten Todesfällen stechen als Todesursachen statistisch signifikant vor allem Herzkrankheiten und Demenz oder Alzheimer hervor. Notfälle wie auch verspätet oder ungenügend versorgte chronisch Kranke erklären diese Übersterblichkeit. Unentscheidbar ist bei den zuhandenen Daten, ob und wie viele Menschen in Not aus Scheu vor der Inanspruchnahme medizinischer Leistung in akuten Krisenzeiten oder aus Angst vor Ansteckung keine Hilfe gesucht, oder aber wegen coronabedingter Versorgungsengpässe nicht gefunden haben. Viele der heute mangelhaft betreuten Kranken werden das Gesundheitssystem verstärkt weiter fordern und erst in künftigen Mortalitätsstatistiken erkennbar sein. Diese Aussagen gelten allgemein und nicht nur für die USA.

Die Zustände in den USA sind auf Europa aufgrund des Sozialstaats doch wohl nicht übertragbar?

Nicht immer, was das Ausmaß betrifft, aber dem Grunde nach doch. Selbst bei den Todesfällen pro 100.000 Einwohner waren die leidgeprüftesten europäischen Länder wie Spanien,

Großbritannien und vor allem Belgien – aber auch Österreich im November – noch erfolgsloser als die Vereinigten Staaten. Eine Studie zur ersten Corona-Welle in 19 europäischen Ländern sowie in Australien und Neuseeland führte zu ähnlichen Resultaten wie für die USA[67]. Hier wurde der etwas frühere Zeitraum Mitte Februar bis Ende Mai 2020 untersucht und in dreieinhalb Monaten eine Übersterblichkeit von 206.000 Personen gegenüber der erwartbaren Anzahl ohne Pandemie festgestellt. Die zusätzlichen Todesopfer machten durchschnittlich 23 Prozent (gegenüber 20 % in den USA), in Italien 46 und in Spanien sogar 69 Prozent aus.

The Economist[68] hat die Übersterblichkeit für Westeuropa, die USA, Teile Lateinamerikas, Russland und Südafrika für den Zeitraum März bis August mit 900.000 „excess mortality" berechnet, gegenüber 580.000 direkt Covid-19 zugerechneten Toten in diesem Halbjahr. Das würde einen 55 Prozent höheren Anteil als die offiziellen Daten bedeuten und eine Unterschätzung der US-Todesfälle um zumindest dreißig Prozent, was ziemlich genau den Kalkulationen des American Centre for Disease Control and Prevention entspräche. Die höchste Übersterblichkeit in der ersten Welle fand sich erwartungsgemäß nicht auf nationaler, sondern regionaler Ebene. Das waren das ostfranzösische Süd-Elsass, Pesaro-Urbino und die Po-Ebene in Italien, die Regionen London, Katalonien und Madrid mit bis zu achtzig Prozent.[69]

Wie viel davon auf nicht erkannte Covid-Todesfälle ohne positive Virustests und wie viel auf andere Krankheiten zurückzuführen waren, war auch für Europa noch nicht eruierbar. Für kleine, in der ersten Welle viral weniger heimgesuchte Länder wie Österreich ließen die geringen Fallzahlen belastbare Aussagen zur Übersterblichkeit kaum zu. Obschon Majid Ezzati und Mitarbeiter vom Imperial College London 930 zusätzliche Tote in der ersten Welle, von denen 668 Sterbefälle dem Coronavirus direkt zugerechnet wurden, für Österreich kalkuliert hatten, waren ihre Berechnungen mit hohen Schwankungsbreiten und statistischen Unsicherheiten behaftet. Zuverlässige Aussagen zu pandemiebedingter Übersterblichkeit waren daher bis zum Spätsommer nicht möglich. Auch die Ende Oktober (KW 44) und verstärkt ab Mitte November (KW 46–49) erstmals sich abzeichnende hohe Übersterblichkeit über 65-Jähriger gegenüber der Periode 2015 bis 2019 von 26 bis 58 Prozent bedarf einer späteren Überprüfung.

Könnte die „Untersterblichkeit" in einzelnen Ländern sich als „unbeabsichtigter Kollateralnutzen" der CoV-2-Shutdown- und Vorsichtsmaßnahmen erweisen?

Einzelne europäische Länder hatten tatsächlich, ebenso wie die zwei Länder Ozeaniens, eine weitere Besonderheit gegenüber den USA. In Frankreich, Belgien und der Schweiz war – trotz teilweise sehr hoher Coronavirus-Opfer – die Übersterblichkeit sogar geringer als die Zahl der Covid-19-Toten. Das bedeutet, dass trotz zahlreicher Seuchenopfer insgesamt weniger Menschen als sonst üblich aus anderen Ursachen zu Tode kamen. So könnten multimorbide Personen mit vielen Vorerkrankungen als Corona-Opfer gezählt worden sein, die auch ohne Pandemie verstorben wären. Im makabren Jargon einschlägiger Forscher wird das als „harvesting" oder „Abernten" unvermeidlicher Todesfälle bezeichnet. Aber es gab auch andere Phänomene und Erklärungen.

Im Sonderfall Neuseeland etwa konnte sogar eine Untersterblichkeit im Lockdown und dortigen Winter verglichen mit früheren Jahren beobachtet werden.[70] Strenge Quarantäne und Einhaltung aller Abstands- und Vorsichtsregeln führte nicht nur (bis 9.7.) zu bloß 22 (!) Covid-19-Todesfällen, sondern auch zu einem Rückgang der normalen Grippe um 99,8 (!) Prozent, auf bloß sechs Fälle von April bis August. Von den üblicherweise 1600 zusätzlichen Toten in den Wintermonaten gegenüber anderen Jahreszeiten, davon ein Drittel direkt von Influenza verursacht, dürften heuer 95 Prozent oder 1500

Personen mehr überlebt haben als vor Corona – dank der positiven Nebenfolgen der CoV-2-Schutzmaßnahmen. Dieses scheinbare Paradox, das sich durchaus wissenschaftlich erklären lässt, nenne ich „unbeabsichtigter Kollateralnutzen".

Eine mögliche Erklärung durch plausible Hypothesen wären weniger Todesfälle durch Grippe, Umweltverschmutzung und Atemwegserkrankungen, weniger Verkehrs- und Freizeitunfälle sowie außerhäusliche Gewalttaten als erfreuliche Nebeneffekte wirksamer Quarantäne. Auch das bedarf noch systematischer empirischer Überprüfung.

Und wie sehen Kollateralnutzen und -schäden für Österreich und seine Nachbarn aus?

Nachbarländer Österreichs wie Tschechien, die Slowakei und Ungarn verzeichneten im Frühjahr (im Gegensatz zu Herbst und Winter) keine Übersterblichkeit. Vielmehr starben trotz Corona sogar weniger Leute als in den Vorjahren. Diesem unbeabsichtigten Kollateralnutzen standen aber auch häufig unerkannte oder in ihrer Größenordnung unbestimmbare Kollateralschäden gegenüber. Ein Beispiel waren die bis zu achtzig Prozent mehr tödlichen Herzinfarkte in der Steiermark während des Lockdowns.[71]

Forscher der Kardiologie und Medizininformatik an der MedUni Graz analysierten die Daten der rund 3600 während des sechswöchigen Lockdowns eingelieferten Patienten mit Herzinfarkt, Lungenembolie und Aortenriss. Im Vergleich mit den vier vorangegangenen Jahren kamen 23 Prozent weniger Patienten in die Krankenhäuser der KAGES, während gleichzeitig um 65 Prozent mehr Kranke innerhalb von 14 Tagen verstarben. Bei Herzinfarkten, auf die fast alle zusätzlichen Todesfälle zurückzuführen waren, sogar achtzig Prozent.

Jetzt mag es angesichts der kleinen Fallzahlen durchaus, wie der Präsident der Gesellschaft für Kardiologie und der Koordinator des bundesweiten Public Health Forums unisono betonen, Unsicherheiten über die genaue Größe des Anstiegs geben. Aber die Tendenz der Ergebnisse und ihre Übereinstimmung mit anderen Studien österreich- und weltweit ist ebenso unbestreitbar wie die praktischen Folgerungen. Wenn eine österreichweite Untersuchung unter Innsbrucker Federführung verspätete Spitalseinlieferungen während des Lockdowns von durchschnittlich einer Stunde findet, wohingegen „bei Herzinfarkten jede Minute zählt", tritt der Handlungsbedarf, andere Krankheiten als Covid-19 nicht pandemiefixiert zu vernachlässigen, klar zutage.

Das gilt für Spitäler, das Rettungswesen wie auch für die Patienten selbst, denen von Ärzten gerne alle Verantwortung zugeschoben wird: sie hätten „eine Scheu, sich ins Spital zu begeben – selbst bei Infarktsymptomen". Mediziner bedauern „das Pflichtbewusstsein gerade älterer Personen, die dem Aufruf, nur in Notfällen ins Krankenhaus zu kommen, nachgekommen sind" oder „Angst hatten, sich in der Lockdown-Phase anzustecken", sehen aber jedenfalls „die Ursache in erster Linie bei den Patienten selbst", wenn es um tödliche Nichtinanspruchnahme medizinischer Dienstleistungen oder um lebensgefährliche Verspätungen geht. In dieser Abschiebung von Verantwortung für das Heil ihrer Patienten unterscheidet sich ein konservativer mitteleuropäischer Fürsorge- und Sozialstaat Bismarck'scher Prägung mit vorgeblicher „socialized medicine" in seinen schwächsten Stunden weniger von einer liberal-kapitalistischen „commercial medicine"[72] US-amerikanischer Ausrichtung, als man für möglich hielte.

Also doch mehr Gemeinsamkeiten zwischen Europa und den USA, als das viel beschworene „Europäische Sozialmodell" erlauben sollte?

Es geht hier weder um Europa noch um das „Europäische Sozialmodell" und Wohlfahrtssystem, das bekanntlich nur in wenigen (überwiegend nordischen) EU-Staaten umgesetzt wird. Stattdessen sei auf eine ungeahnte Ähnlichkeit einzelner Länder wie Frankreich und den USA jenseits des Wohlfahrtsstaats hingewiesen, nämlich die staatliche Souveränität durch ein legitimes Gewaltmonopol oder deren Verlust. Wie gewaltfrei erfolgt die Kontrolle öffentlicher Gesundheit und Sicherheit im Ausnahmezustand, in Seuchen- und Hygieneregimes und beim Pandemiemanagement?

Frankreich ist durch die Gilets jaunes (oder den Black Bloc innerhalb der Gelbwestenbewegung?) fast so gewaltverseucht wie die Vereinigten Staaten mit ihren vielen schwerbewaffneten, paramilitärischen, rechtsextremen Privatmilizen. Sie reichen vom Patriot Movement oder die Militia of Montana (MOM) über christlich-fundamentalistische Terrorgruppen wie die Hutaree, die für „Endzeitschlachten" gegen den „Antichrist" wie die EU trainieren, bis zu den Proud Boys und anderen *white supremacists* oder den Oath Keepers, Three Percenters und militanten Trumpisten des America First. Die französische Polizei klassifiziert inzwischen Wochenende mit weniger als neunzig abgefackelten Fahrzeugen in Paris (oder war es der Ballungsraum Paris – Region Île de France, samt innerem und äußerem Vorortegürtel Petite et Grande Couronne, mit seinen über zwölf Millionen Einwohnern?) als ein „normales" und „friedliches" Wochenende, im Gegensatz zu „gewalttätigen" Weekends mit einer höheren Anzahl von Brandlegungen in den bis zu acht Départments Paris und Agglomeration Paris.

Sind einfache Berechnungen der menschlichen Kosten sozialer Vernachlässigung bezüglich Leben und Tod, Gesundheit und Verbrechen, Wohlstand und Eigentum, Fähigkeiten und Wissen sinnvoll? Und Verluste höher als bisher erwartet?

Das sind nur erste Annäherungen an die Zahl der Todesopfer sowie Schätzungen zu Gesundheit und Kriminalität. Aber es ist ein radikal innovativer, erfrischender Ansatz, wert, verfolgt, verfeinert und ausgearbeitet zu werden – insbesondere, weil er der primitiven Leichenzählerei der offiziellen Sterbestatistik auf deren eigener Ebene entgegentritt. Verglichen mit allem, was wir über die (Un-)Gültigkeit und (Un-)Zuverlässigkeit formaler Sterblichkeitszahlen, -raten und -ursachen wissen, treffen diese neuen Bemühungen die offiziellen Mortalitätszahlen zu Corona (und allen Sterbefällen) zumindest gleichberechtigt. Denn während die Todesursachenstatistik ein chaotischer und weithin unbrauchbarer Informationsmisthaufen ist, sind die Gesamtzahl der Todesfälle, ihre zeitlichen Schwankungen und damit auch Über-/Untersterblichkeiten durchaus präzise und verlässliche Daten – zumindest in unseren Breiten.

Natürlich muss noch viel mehr geforscht werden. Selbst wenn man subjektive Schmerzen und Leiden, die durch die Störung des sozialen Gefüges verursacht werden, nicht berücksichtigt, sind die objektiven sozialen Schadensmultiplikatoren in Bezug auf Leben, Gesundheit und Eigentum sogar bei „geringfügigen" aggregierten Arbeitsplatzverlusten zwischen 240 Prozent für einfache Kriminalität und 670 Prozent für Mord. Das sind die Verluste durch Arbeitslose und indirekten „Opfern zweiter Ordnung" von Arbeitslosigkeit, natürlich meist nicht die Opfer von Arbeitslosen selbst. Der ansonsten gut dokumentierte starke Anstieg von Drogen- und Alkoholmissbrauch (und Fettleibigkeit) als Folge der Arbeitslosigkeit wurden in den zitierten Studien bisher nicht berücksichtigt.

Die erwartbaren Verluste sind höher als bisher angenommen. Wissenschaftler haben auch noch nicht die indirekten finanziellen Kosten berechnet, die diesen menschlichen Verlusten von Opfern erster oder zweiter Ordnung der Arbeitslosigkeit und ihren Familien für sie selbst und die amerikanische Gesellschaft insgesamt entsprechen. Aber die Wechselbeziehung zwischen der Zerstörung von Humankapital und von Menschen wird sichtbar. Arbeitslosigkeit kann betrieblich leicht externalisiert werden. Im Gegensatz dazu können die menschlichen und finanziellen Kosten von Massenarbeitslosigkeit auf der umfassenden Ebene der Gesellschaft, der Regierungsführung und Politikgestaltung nicht ausgelagert werden. Soziale Vernachlässigung und Zerfall schlagen unvermeidlich als Gewalt und Zerstörung von Leben, Gesundheit und Eigentum zurück.

Waren die Lockdown-Maßnahmen zu hart und wurde damit der Wirtschaft und den Arbeitsplätzen zu sehr geschadet?

Wir sollten nachträglich weder retrospektiv neunmalklug noch auch lernunfähig oder gar lernunwillig sein. Wenn etwa der konservative deutsche Gesundheitsminister Jens Spahn Anfang September „Fehler eingesteht" und einräumt, „mit dem heutigen Wissen hätte es keinen Lockdown gegeben" und der Lockdown im Frühjahr „war überzogen",[73] gleichzeitig aber darauf beharrt, man dürfe die „harten Entscheidungen" aus dem März nicht mit dem Wissen von heute kritisieren, so bringt er das Präventionsparadox und die steile Lernkurve seit der ersten Quarantäne durchaus auf den Punkt. Es hinderte ihn auch nicht, im Spätherbst einen leichten und vor Weihnachten erneut einen mehrwöchigen harten Shutdown zu verfügen und im neuen Jahr zu verlängern.

Dabei sind Politiker selten so offenherzig wie Experten. Franz Allerberger, Chef der AGES, hielt noch Ende Oktober den ersten Lockdown im März für ebenso unnötig wie die nächsten beiden, die nur etwas über ein bis drei Wochen später stattfanden, und empfahl „gelindere Mittel" wie „Abstandhalten und Händewaschen" statt „Herunterfahren des Landes".[74]

Tatsache ist, dass nicht bloß wohlvorbereitete ostasiatische Länder wie Japan, Taiwan, Südkorea und Hongkong ohne Shutdown nur erstaunlich wenige Todesfälle in der Pandemie zu beklagen hatten, sondern auch innerhalb Europas kaum ein Zusammenhang zwischen Dauer und Strenge der Quarantänemaßnahmen und einer coronabedingten Übersterblichkeit zu beobachten war. Dementsprechend sind alle Aussagen über vermeintlich „gerettete" oder aber unnötig „verlorene" Leben infolge von Quarantäneregimes sehr spekulativ – mit Ausnahme eben der gut belegten Krankheits-, Verarmungs-, Verbrechens- und Todesfolgen von Massenarbeitslosigkeit infolge von missglücktem Seuchenmanagement.

So gesehen war die Reaktion von Sozialpartnern und Regierung, Kurzarbeit einzuführen und die Menschen unterbeschäftigt in Jobs zu halten, noch wertvoller als meist gedacht?

Ja, das war ausgezeichnet. Sozialstaat und Sozialpartnerschaft haben sich wieder einmal bewährt. Das ist ein Ergebnis jahrzehntelangen Lernens von Work-Sharing durch Kurzarbeit, seit VW in den frühen 1990er-Jahren. Ein bewährtes Kriseninstrument auch 2008. Doch Kurzarbeit ist kein Dauerwerkzeug. Arbeitszeit muss rundum tiefgreifend neu gestaltet, noch sehr viel flexibler und kürzer werden.

Dagegen opponieren die Unternehmer. Gibt es Modelle verkürzter Arbeitszeit, die sich für die Betriebe rechnen?

Alle Modelle, die ich vorschlage, brauchen einen historischen Kompromiss zwischen Arbeitgebern *und* Arbeitnehmern und müssen sich rechnen – für beide Seiten. Sie könnten gemeinsam, aber nur gemeinsam, Großes schaffen.

Nur was für beide Sozialpartner konsensfähig ist, hat *Zukunft*. Etwa mehr Freizeit für die Arbeitnehmer*innen, dafür längere Betriebszeiten für die Unternehmen. Mehr Ruhezeiten, dafür weniger Leerlauf- und Stillstandszeiten. Weniger Arbeitstage, dafür mehr Werktage. Kürzere Dienstzeiten, dafür erweiterte Geschäfts-, Öffnungs- und Maschinenlaufzeiten. Mehr Wahlmöglichkeiten und Zeitautonomie für Arbeitnehmer, dafür variablerer Einsatz der Arbeitskräfte durch die Betriebe. Bessere Vereinbarkeit von Beruf, Privatleben und Familie, dafür höhere Kapazitätsauslastung. Mehr

Zeitökologie und Zeitwohlstand für die Beschäftigten, dafür mehr Zeitökonomie in den Unternehmen. Also *Arbeitszeitverkürzung gegen Arbeitszeitflexibilisierung.*

So etwa müsste das Quid pro quo eines historischen Kompromisses zwischen Arbeitgebern und Arbeitnehmern in Arbeitszeitfragen heute aussehen.

Wie sonst kann ein Modell historischer Arbeitszeit-Kompromisse heute aussehen?

Es muss in die neue, digitale Arbeitswelt des 21. Jahrhunderts passen. Sie ist charakterisiert von Hochgeschwindigkeit und Hyperproduktivität, maximalem Warenfluss und kaum Lagerhaltung. Just-in-time-Produktion. Kundenbestimmten Servicezeiten. Börsenbestimmtem Ertragsdruck. Interaktivität in Welt-Echtzeit, Sofort-Kommunikation. Mobilen Mitarbeitern. Rollierenden Zeiten. Teilrotierenden Funktionen. Komplexen Zuliefernetzen und tendenziell globalen Lieferketten.

Gegen den damit verbundenen Megastress brauchen wir Menschen gleichzeitig dringend *Entschleunigung.* Zwar haben meine Jahrgänge etwa 86 Tage und 700 Stunden mehr Freizeit im Jahr als unsere Elterngeneration, aber trotzdem pausenlosen Stress, Zeitnot, Zeitarmut. Man findet kaum Ruhe. Wir brauchen mehr Erholungszeit und viel mehr individuelle Freiräume. Die Utopie bis 2035 wäre, schrittweise eingeführt, die Vier-Tage-Woche mit Turnusdiensten statt der derzeitigen unechten, verschlampten Viereinhalb-Tage-Woche mit starren Zeiten. Eine echte Vier-Tage-Woche mit 28, 32, 36 Wochenstunden, 1500 Jahresarbeitsstunden, plus 183 freien Tagen jährlich, regelmäßigen Freijahren und Sabbaticals zwischen drei und zwölf Monaten, und 45 Jahren regulären Arbeitslebens. Eine mittelfristig machbare Utopie wäre eine „Freizeitgesellschaft“ und Vier-Tage-Woche auf Basis einer produktiven 7/24-rund-um-die-Uhr-Dienst- und -Hochleistungswirtschaft.

Aber was haben die Unternehmen davon?

Gegen hohen globalen Konkurrenzdruck von Fabriken zwischen Brasilien und Bangladesch, Vietnam und China brauchen sie höchste Flexibilität. Das ist ihr oberstes Gebot. Und diese Goldader der Produktivitätssteigerung sollten sie kriegen, als Gegenleistung für verkürzte Arbeitszeit und familienfreundliche Flexibilität – von Wahlarbeitszeit und Vertrauensgleitzeit über Heimarbeit bis zum Recht auf (unbezahlte) Auszeiten für Familie, Pflege, Fort- und Weiterbildung, Karriere, eigene Projekte. Der Kompromiss muss die Realitäten und Zwänge beider Interessen, kapitalistischer *und* ökosozialer Marktwirtschaft, abbilden.

Wie können Unternehmen Flexibilität der Arbeitnehmer herstellen?

Grundsätzlich gibt es drei Varianten, nämlich Flexibilisierung der Beschäftigung, der Einkommen und der Arbeitszeit bzw. Arbeitsorganisation. Ersteres gibt es als das US-amerikanische Modell flexibler Beschäftigung, des „hire & fire", der „gig economy", der britischen „zero-hour contracts", einer Art neuer Stundenlöhnerei, die nur noch reale Inanspruchnahme bezahlt, nicht Warte- und Stehzeiten. Auch China geht den Weg ultraliberal-frühkapitalistischer Ausbeutung, kommunistisch kostümiert. Das sollten wir Europäer ebenso wenig tun wie zweitens eine „Einkommensflexibilisierung" durch „Lohndumping".

Dagegen wäre das dritte, genuin europäische Sozialmodell eines der Flexibilisierung von Arbeitszeit und Arbeitsorganisation. Das wiederum heißt: Entkoppelung von kürzerer Arbeitszeit und längerer Betriebszeit, Vollkonti-Maschinenlaufzeiten, liberale Öffnungszeiten, Rund-um-die-Uhr-Notfallservice wie bei Rettung, in Spitälern und Apotheken, Telefonseelsorge, Sanitär-, Abschlepp- und Schlüsseldiensten, Lieferservices usw. Die Kundenbedürfnisse bestimmen die Betriebszeit, nicht die Anbieter.

Läuft das auf Arbeiten im Schichtmodus hinaus?

Genau das tut es. Es braucht, wie bei den Nachtapotheken oder Spitalsambulanzen, Wechselschichten und Mehrfachbesetzungssysteme, etwa elf Arbeitnehmer auf drei Vollkonti-Stellen. Mit Turnusdiensten könnten die Betriebe tendenziell rund um die Uhr laufen. Man braucht maßgeschneiderte sektorale und saisonale Lösungen, weil Tourismus und Gastronomie, Ernte in Landwirtschaft und Weinbau, Nachrichtenagenturen, Automobilfabriken, Theater oder Festspiele, Spitalsambulanzen, mobile Betreuung und Pflege, Reinigungsdienste und pharmazeutische Testlabors je ganz anders funktionieren. Die hohe Diversität und Komplexität bietet einer klugen und starken Gewerkschaft zahllose Kompromisschancen als Angebot an Unternehmen. Man legt gemeinsam die Goldader der Flexibilisierung frei, doch nur gegen faire Beteiligung an ihren Gewinnen.

Wie sieht die Bezahlung bei flexiblem Arbeiten aus?

Das Entgelt ist absolut fest und konstant. Man erhält hundert Prozent, egal ob in dem Monat gar nicht oder vierzig oder 110 Prozent gearbeitet wurde.

Das ist das Ende der Überstunden?

Nicht das Ende von Überzahlungen für „asocial hours" von Nacht-, Schicht- und Schwerarbeit und für „instant flexibility". Also kein Ende von fairen Zeitkonten, aber von herkömmlichen Überstunden, die eher zu frühindustrieller Fabriksarbeit passen als zu nachindustrieller Dienstleistungsökonomie. Die braucht viel mehr Flexibilität, Durchrechnungszeiträume von einem Jahr oder längeren Projektperioden wie in Kollektivverträgen der deutschen Chemieindustrie. Ein Pionier der Zeitkonten war BMW in Regensburg. Ein Arbeiter dort hat 183 freie Tage, also den größeren Teil im Jahr frei. Jede dritte

Woche ein – sehr populäres – langes Wochenende von Freitag bis Dienstag, erholsame mehrtägige, planbare Freizeitblöcke, mehr Freiraum für Familie, Hobbys, Ehrenamt, was immer. Gute Einkommen, mehr Freizeit und Jobsicherheit statt „Überstunden"-Hamsterei.

Was ist der Vorteil für die Unternehmen?

Sie haben die Arbeitszeit verkürzt, aber die Betriebszeiten stark ausgeweitet. Durch „atmende Fabriken" konnten sie die Auslastung enorm erhöhen. In anderen Industriefirmen, die früher durch wochenlange ferienbedingte „Ferragosto"-Betriebsschließungen gelähmt waren, wurden Stillstandszeiten sehr stark und bis auf null heruntergefahren. Man hat ein endgültiges Aus für allzu viele traditionelle, unnötige und kostspielige Mini-Lockdowns des Wertschöpfungsapparats auf Branchen- und Betriebsebene erreicht.

Klingt das nach einem Wechsel von hohem Arbeitseinsatz und viel Freizeit- bzw. Entfaltungsphasen?

Genau. Es ist eine Freizeitgesellschaft auf Basis einer Hochleistungswirtschaft. „The world doesn't owe us a living", wie Anthony Giddens, Vordenker von New Labour und Theoretiker des „Dritten Weges" formulierte – nachgeschmissen wird uns beides nicht. Wir brauchen mehr Ruhezeit für uns – und weniger Shutdown für die Wertschöpfungsmaschinerie. Die Arbeitnehmer selbst sollen wählen können, wie etwa in Dänemark, ob sie lieber eine sechste Urlaubswoche oder mehr Einkommen statt kürzerer Arbeitszeit wollen.

Muss man in dieser neuen Arbeitswelt auch an den Lohnnebenkosten drehen?

Die Grundannahme ist, dass eine Arbeitszeitverkürzung hohe Produktivitätsschübe freisetzt. Das ist vielfach untersucht: Der Lohnausgleich finanziert sich teilweise selbst.

Was sagt man Industriellen wie Hannes Androsch, der sagt, das stimme nicht?

Ich kenne ihn gut und schätze das meiste, was er sagt, sehr, aber hier haben seine Eigeninteressen als Industrieller Oberhand behalten. Doch im Gegensatz zu einem populistischen Funktionär wie Hans Peter Doskozil, der eine Debatte um die Vier-Tage-Woche „lächerlich" findet und meint, „das ruiniert die Sozialdemokratie", kennt Androsch sich bestens aus und weiß, wovon er spricht.

Wie könnte sich unser wirtschaftliches und soziales Leben ganz allgemein verändern?

Das lässt sich in gebotener Kürze seriös nicht einmal skizzieren. Es wird fraglos mehr Neues als Gewohntes geben, mehr Innovation, Disruption, kreative Zerstörung *und* Neugestaltung. Schon im März/April sahen wir das *Paradox* rapide beschleunigten Wandels inmitten aller begrüßenswerten Entschleunigung. Entwicklungsschübe und Technologiesprünge, Umbrüche in Wochen, ja Tagen, die zuvor Jahre und Jahrzehnten kaum vorankamen. Das reichte von Telearbeit (das plötzlich modische „Homeoffice") und Videokonferenzen über Vertrauensgleitzeit zu gesamtwirtschaftlichem Krisenmanagement. Wir dürfen eine Welle sozialer Innovationen ungeahnten Ausmaßes erwarten, und vieles davon wird unsere Lebensqualität steigern und eine neue Balance zwischen materieller Wertschöpfung und Wohlstand, Wohlfahrt und Wohlbefinden schaffen.

Wird das Homeoffice zur Dauereinrichtung werden? Und wie sehen Oster-Prognosen vom 12. April 2020 zwei, drei und sechs Monate später im Lichte empirischer Evidenz aus?

Es sieht ganz nach einer gewissen Verstetigung und Normalisierung von Telearbeit aus, weit mehr, als man noch vor ein paar Monaten erwarten hätte dürfen. Alle Studien weisen in die Richtung vervielfachter digitaler Heimarbeit. Corona hat schon jetzt einen historischen Entwicklungsschub ausgelöst. Die Nutzung von Homeoffice ist unverhofft stark angestiegen. Weithin wird Vertrauensgleitzeit ohne Stechuhren praktiziert. Auf Zoom ist die Zahl der täglichen Telekonferenzen geradezu explodiert. Videokonferenzen statt Business-Travel haben sich seit den Quarantimes mehr verbreitet als die Viren im Corona-Camp.

Nur zwei Monate nach dieser ersten Hypothese berichten die Experten für Arbeitsmarktprognosen der OECD von einem Anstieg der Telearbeit von zuvor drei auf rund dreißig Prozent, in Ländern wie Großbritannien und Schweden auf fünfzig bis sechzig Prozent. Und die Anzahl der von Zoom durchgeführten Videokonferenzen explodierte von zehn auf 300 Millionen Telekonferenzen – tagtäglich! Es wird sicher nicht zum Vorkrisenniveau zurückkehren. Der Grad anhaltender Digitalisierung nach dem plötzlichen Anstieg des meist arbeitsbedingten Austausches wird ein guter Indikator für einen irreversiblen Sprung der professionellen Kommunikation sein. Wie viel von dieser Sprungantwort bloß kurzfristiges Überschießen war, gefolgt von Zoom-Blues oder Homeoffice-Müdigkeit, und wie viel sich als dauerhaftes, nachhaltiges Merkmal einer neuen Welt der Arbeit herausstellt, wird eher früher als später zu sehen sein.

Ein zweites Update bis Mitte Juli: Die ersten empirischen Erkenntnisse aus der Forschung übertreffen selbst die optimistischsten Erwartungen.[75] 96 Prozent der 300 untersuchten österreichischen Unternehmen nutzten während des Lockdowns Homeoffice. 82 Prozent haben innerhalb weniger Tage Arbeitsplätze für digitale Fitness umgestaltet, und 83 Prozent erwarten ein kontinuierliches Homeoffice für Aufgaben, die bisher für Telearbeit „unvorstellbar“ waren. Während es in Zukunft weder ein Recht noch eine Verpflichtung für mobiles Arbeiten gibt, wird eine Rückkehr zu alten Arbeitspraktiken beispielsweise von Deloitte-Unternehmensberatern als „nicht sinnvoll“ angesehen. Und zwei Drittel (64 %) der Beschäftigten selbst wollen nach der Krise die neue und inzwischen beliebte Arbeitsweise fortsetzen.

Ein weiteres Update im Oktober: Die bereits erwähnte TQS-Studie dokumentiert eine sprunghafte Vervierfachung des Homeoffice von neun auf 36 Prozent während des ersten Lockdowns gegenüber der Zeit vor der Pandemie, die sich danach bei mehr als einer Verdoppelung mit 19 Prozent stabilisierte. Weiters zeigte sie eine seit April fortbestehend hohe Fürsorge der Arbeitgeber (Okt. : April/84 : 91 % „kümmern sich um Mitarbeiter“), ausgezeichnete Vereinbarkeit von Familien- und Berufsleben im Homeoffice (85 : 86 %) und sogar steigende „höhere Produktivität bzw. Leistungsfähigkeit im Homeoffice als im Unternehmen“ (63 : 59 %). Doch immerhin etwa einem Drittel (35 : 33 %) der Tele-Heimarbeiter fällt konzentriertes Arbeiten daheim wegen ständiger Ablenkungen schwer – und zukunftsfähige Unternehmen werden in aufgeklärtem Eigeninteresse gerade auch auf dieses Drittel ihrer Belegschaften Rücksicht nehmen müssen.

Ist irgendein Industrieunternehmen diesbezüglich besonders beeindruckend?

Ja, durchaus. Geradezu sensationell war etwa die weltweite Neuorientierung der Siemens AG, des größten Industriekonzerns Europas. Ein früher mitunter als altbacken oder Dinosaurier beargwöhntes Top-Technologieunternehmen hat – im ehrwürdigen Alter von 173 Jahren! – innerhalb weniger Monate „mobiles Arbeiten“ an zwei bis drei Tagen in der Woche bereits als weltweiten Standard und als „Kernelement der neuen Normalität“ etabliert.[76] Der Vorstand hat ein „neues Normalarbeitsmodell“ beschlossen, einschließlich eines Konzepts des „ortsunabhängigen Arbeitens“.

Das geht weit über das neue „Homeoffice“ hinaus und berücksichtigt auch seine Schwächen und teilweise Unbeliebtheit bei einer beachtlichen Minderheit der Belegschaften.

Daher können bei Siemens die Arbeitnehmer künftig selbst – mit Zustimmung ihrer Vorgesetzten – individuell ihren bevorzugten Arbeitsplatz wählen, an dem sie sich am produktivsten und kreativsten fühlen, z. B. Co-Working-Spaces außerhalb ihrer Wohnungen, Häuser und Familien oder andere Wahlarbeitsorte. Und sie kombinieren Arbeit im Betrieb und individuelle Fernarbeit in etwa halbe-halbe. Nie zuvor hat die Utopie, „jederzeit und überall arbeiten" zu dürfen, einen so großen sozialen Fortschritt gemacht wie innerhalb weniger Quarantänewochen.

Allein bei Siemens konnten 140.000 der 240.000 Mitarbeiter an mehr als 125 Standorten in 43 Ländern „sofort" von dieser „neuen Normalität" in der Arbeitswelt ab 16. Juli 2020 profitieren – und „das Profil von Siemens als flexibles Unternehmen und attraktiver Arbeitgeber stärken". Im globalen Wettbewerb oder „Krieg um Talente" werden die „temps et lieu de travail choisi" zunehmend zu einem zentralen Instrument erfolgreicher Rekrutierung von Fachkräften durch Amenity Migration, weit über Expert*innen, Spezialist*innen und die „kreativen Klassen" hinaus.

Könnte die Krise noch mehr Positives, „Kollateralnutzen" für die Gesellschaften bewirken?

Selbst wenn wir – höchstwahrscheinlich – nicht in der Lage sein werden, rundum nur das Beste aus den neuen Chancen zu machen, wird neben vielen bald wohl wieder rasch verdrängten Kollateralschäden auch viel Kollateralnutzen entstehen. Ich habe gerade für den Arbeitsalltag neue Heimarbeit und ortsunabhängiges, selbstbestimmteres, mobiles Arbeiten, Digitalisierungsschübe und Vertrauensgleitzeit als Beispiele bereits eingetretener sozialer Innovationen nach jahrzehntelanger Blockade erwähnt, die auch künftig erwartbar bleiben. Das gilt für alle Lebensbereiche: Machen wir einfach einmal ein Brainstorming für eine Liste von Kollateralnutzen, bereits eingetretener und möglicher künftiger, kurz-, mittel- und längerfristiger, temporärer wie irreversibler, erwarteter und überraschender, über- und unterschätzter, abgefeierter Banalitäten oder stiller, tief wirksamer Umbrüche – wir werden aus dem Staunen kaum herauskommen.

Die ehrliche Erkenntnis auch von Kollateralschäden ist eine unverzichtbare Übung, vor allem für unsere kollektive mentale Hygiene, um die Krise und die davon erzeugten versteckten Traumata zu bewältigen. Das schließt auch den Versuch ein, erlittene Schäden und Verluste zu messen, und zwar nach denselben Standards für vorzeitige Todesfälle wie bei den direkten Covid-19-Opfern. Humankosten an Gesundheit und Kriminalität müssen ebenso offen angegangen werden wie erlittene finanzielle Verluste.

Doch der kreative Fokus auf potenziellen Kollateralnutzen ist noch wichtiger und absolut entscheidend, um für die Zukunft zu lernen und sie zu meistern. Er verhindert, in einer überwiegend negativen, retrospektiven Denkweise und einem Diskurs fast wettbewerbsartiger Selbstviktimisierung und entsprechender Ansprüche gegen alle Welt im Basar des Hände aufhaltenden Interessengruppen-Lobbyings stecken zu bleiben, gleichsam nach dem Motto „Wer ist der Ärmste im ganzen Land?". Stattdessen wird es helfen, uns neu zu orientieren, versunkene Kosten endgültig abzuschreiben und Energie und Ressourcen in das Erkennen und Nutzen neuer Chancen zu investieren.

Könnten Experten in Zukunft weitreichende strategische politische Entscheidungen treffen?

Wahrscheinlich ist ein Bedeutungszuwachs bei allen Fachleuten, über Juristen, Sozial- und Wirtschaftswissenschaftler, Klimaforscher und Nuklearphysikerinnen hinaus. Warum also bei Pandemien nicht auch bei Epidemiologen, Virologen, Parasitologen, Infektiologen, Hygienikern usf.? Das wäre gut, insoweit Politik auch künftig fakten- und evidenzbasierter entscheiden würde. Man würde sich etwa in der Pensionspolitik so viel Bemühen um Rationalität und wissenschaftliche Expertise wünschen wie im Seuchenmanagement. Gefährlich wäre es hingegen, wenn sich Fachleute für Gesundheit anmaßen oder gar von den Regierenden autorisiert würden, das Ausmaß „gesundheitlich nötiger“ Verkehrs- und Freiheitsbeschränkungen vorzubuchstabieren. Eine solche Herrschaft der Medizinexpertobürokratie wäre fatal, aber leider wohl ebenso mehrheitsfähig wie manche populistischen Verführungen der letzten Jahre.

Ist andererseits nicht schon jetzt so viel in unserem neuen täglichen Leben in und seit der Quarantäne rätselhaft und nur allzu schwer zu verstehen?

Tatsächlich, hier helfen Künstler und Komiker vermutlich mehr als Experten, Wissenschaftler oder Philosophen. Unbegreifliches und quälende Ungewissheiten, Widersprüche und Paradoxien lassen sich am besten – und oft nur – mit Humor bewältigen. Wer hätte etwa vor März 2020 geahnt, dass Gesundheit und Menschenleben, ja die ganze Menschheit in der Qarantäne durch mehr oder minder süßes Nichtstun wie als Couch-Potato daheim vor der TV-Glotze rumsitzen oder lesen „gerettet“ werden könnten. Wer hätte ahnen können, dass Hunderttausende von uns fast formlos eine Art bedingungsloses, arbeitsfreies Grundeinkommen oder ein großzügiges Kurzarbeitsgeld von bis zu neunzig Prozent Einkommen bei zehn Prozent Arbeit erhalten, wenn wir zuhause bleiben und kaum oder gar nicht arbeiten – gleichsam einen Arbeitskraftstilllegungsbonus und eine Nicht-Ansteckungsprämie. Und das sogar in einem calvinistischen Land wie der Schweiz, das etwa allen Kulturschaffenden in Zürich bis April 2021 automatisch je 3840 Franken „Ersatzeinkommen“, nämlich „achzig Prozent eines angenommenen monatlichen Schadens von 4800 Franken“ zuspricht.

Und wer hätte ahnen können, dass wir in Quarantäne gefühlte Millionen „Helden“ des Corona-Alltags hatten, fast mehr Heroen als Einwohner. Jeder Sicherheitswache- oder

Bankbeamte hinter einer Glasscheibe am Schalter war an der „Front“ im „Krieg gegen das Virus“ und riskierte Gesundheit und Leben für uns alle zur Aufrechterhaltung „überlebenswichtiger Dienste“.

Was bedeutete es dann aber, wenn in manchen „systemkritischen“ Berufen, selbst in Gesundheitsprofessionen bei weniger als einprozentiger Infektionsrate bis zu vierzig Prozent Abwesenheit durch Krankenstandsmeldungen oder geschlossene Ordinationen berichtet wurden? Dass die Inanspruchnahme medizinischer Dienstleistungen, gerade auch bei Notfällen wie Herzinfarkten oder Schlaganfällen, während der Quarantäne um bis zu vierzig Prozent zurückging?[77] Dass im Shutdown österreichische Großbanken nicht einmal so extravagante Services wie eine dringende Kontoeröffnung anbieten wollten und ihren Schalterdienst auf Ein- und Auszahlungen beschränkten, wofür Online-Banking und ATM-Maschinen ohne einen einzigen Bankbediensteten vor Ort ausgereicht hätten?

Und keinem schien in der ersten Quarantäne aufzufallen, dass auch außerhäusliche Liebeshändel und Sex de facto verboten waren, selbst ohne den vom Gesundheitsministerium zurückgezogenen „Oster-Erlass“. Demnach waren Liebschaften zwischen Personen in getrennten Haushalten vor, nach und neben Ehe und Verpartnerung zwar nicht unmöglich, aber „verboten“ – und im Falle der Entdeckung doppelt sanktionsträchtig. Und sie waren, ganz wie von Albert Camus in der Pest trefflich beobachtet, noch viel härteren Bewährungsproben ausgesetzt als eheliche Gemeinschaften, nämlich dem schmerzlichen Leiden an unabsehbarer und angeblich legal unüberwindbarer Trennung und unerfüllter Leidenschaft.

Ist es nicht gut, dass auch den Gelehrten der Kopf brummt, aber Neugierde, Humor und Empathie nicht verlorengehen?

Ja, wir hatten uns in diesem einzigartigen Monat seit Mitte März nicht nur sehr viel zu verwundern, sondern auch zu schmunzeln und zu lachen: so viele skurrile, groteske oder kafkaeske Alltagsgeschichten können Covid-19-krisenfreie Zeiten ohne kollektive Lähmung aber auch Wiederbelebung vieler Sinne und Talente, können Zeiten ohne Angstlust und Straflust und „Überlebens"-Kampf um Konserven und Klopapier einfach nicht bieten. Kabarettist möchte man sein.[78]

Spaß beiseite: Wieso gibt es immer noch Menschen, die sich gemeingefährlich verhalten, die Mitmenschen und Gesundheitspolitik gefährden?

Es scheint in jeder Gesellschaft einen – freilich sehr variablen, stark vom Mehrheitsverhalten abhängigen – Bodensatz an Dolmen und rücksichtlosen Narren zu geben. Das wird in anderen Zusammenhängen leider ja häufig sogar erwartet und genutzt. Aber Vorsicht: die „Unverbesserlichen", die Dodeln, Bösen, Schurken, das sind immer die anderen. Seit Beginn der Quarantäne hören wir ständig von angeblich unverrückbar fixen „fünf Prozent" an „Corona-Party"- und klodeckelleckenden „Covid-Challenge"-Deppen und zahllosen „Spuckattacken".

Glaubt wirklich irgendwer ernsthaft, dass 445.000 (!) Österreicher*innen so „unverbesserlich" sind, dass sie strengst bestraft werden müssten? In Italien können Verstöße gegen das Epidemiegesetz jetzt mit bis zu fünf Jahren statt bisher drei Monaten Freiheitsentzug geahndet werden. Bei uns können dumme, ja gemeine Vergehen wie das Vorschwindeln eines falschen SARS-CoV-2-Status wie schwere Verbrechen mit jahrelangem Gefängnis belangt werden.

Das war das Abstecken absoluter Verbotszonen zu Beginn der Pandemie und Quarantäne. Doch seit der zweiten Welle geht es längst nicht mehr um das Verletzen einfacher, überlebensnotwendiger Ge- und Verbote, um verweigertes Befolgen von Gesetzen, Verordnungen und Erlässen, sondern um die vielbeschworene Eigenverantwortung. Statt blindem Gehorsam werden Mitdenken und freiwilliges Mitmachen, kluge und rücksichtsvolle Ermessensentscheide und ziviles Engagement im Alltags- und Feiertagsverhalten wie beim Testen, Tracen und Tracken und schließlich beim als freiwillig anheimgestellten Impfen erwartet. Und an dieser praktisch kaum einklag- und durchsetzbaren „compliance“ mit bestenfalls vernünftigen – und als solchen weithin anerkannten – Strategien hängen Erfolg oder Scheitern des Seuchenmanagements in liberalen Demokratien.

Muss sich die Gesellschaft nicht vor Gemeingefährdungen schützen?

Selbstverständlich muss sie das, es geht nur um Augenmaß, Verhältnismäßigkeit, Hausverstand, soziale Balance – und die Kosten sanitärer Moralkreuzzüge. Absolut nichts spricht etwa gegen wohlgeordnete, „britisch“ disziplinierte Warteschlangen vor Hintertuxer Gletschergondeln, samt strengster behördlicher Durchsetzung von Vermummungs- und Abstandsregeln, wenn diese verletzt werden. Sie wurden zum Start der Wintersaison 2020/21 skandalös, gesundheits- und tourismusgefährdend missachtet (zum Leidwesen von uns Skifahrern). Hier wäre zerstörerische Indolenz und Dummheit aller Verantwortlichen rigoros zu bestrafen. Geschehen ist freilich wenig – außer eben Shitstorms als sündteurer Gratis-Österreich-Negativ-Werbung.

Dagegen zwei Beispiele, wie vertrackt eine faire Beurteilung sein kann. In Wien beschuldigte ein im März erkrankter Lungenfacharzt, sicherheitshalber gleich im Fernsehen (!), einen jugendlichen Patienten ohne Beweis einer vorsätzlichen oder fahrlässigen Covid-19-Ansteckung, um nachträglich den Irrtum seiner Bezichtigung und Anzeige eingestehen zu müssen: Wer darf wen wann weswegen klagen und strafen lassen? Steuern wir auf US-amerikanische Klageepidemien aller gegen alle mit fünffachen Streitkosten wie in Europa zu?

In Salzburg schlug der Red-Bull-Racing-Motorsport-Chef Helmut Marko, 77, ein „Corona-Camp“ zur gezielten Ansteckung seiner jungen Rennfahrer vor, die Quarantänepause im Frühjahr sei „the ideal time for the infection“, um danach für die Formel-1-Saison bestens gerüstet zu sein. War diese neodarwinistische Schnapsidee eines ehemaligen Autorennfahrers, eines mächtigen (und studierten) Unternehmers und Managers strafwürdig? Und weniger strafwürdig als die Einladung zur „Corona-Party“ strohdummer junger Lümmel?

In Italien wurden allein in den ersten beiden Wochen der Quarantäne über 100.000 Strafverfahren eingeleitet. Meine These als jemand, der viele Jahre in Florenz gelebt hat und seit Jahrzehnten Zweitresident in Venedig ist: je unfähiger ein System oder eine Organisationseinheit im Krisenmanagement, desto hysterischer die mediale und polizeiliche Jagd auf Sündenböcke, um vom eigenen Versagen wie dem Mangel an rechtzeitiger Prävention, Beschaffung von Masken, Schutzkleidung, Tests und Tracking sowie an effizientem Spitalsmanagement abzulenken; je erfolgreicher eine Regierung, desto rationaler und unrepressiver. Das scheint ein ehernes Gesetz weltweit.

Wird das Ausmaß der Freiheitseinschränkungen nicht immer umstritten sein?

Natürlich, in liberalen Demokratien braucht Herrschaft Legitimität, also brauchen Freiheitseinschränkungen Zustimmung durch Überzeugung statt Zwang und Gewalt. Selbstverständlich konnten Anfang April nicht alle in Mailand ansässigen Süditaliener heim zu ihren Familien in den Mezzogiorno, aber wohlgeordnete Mobilität hätte möglich sein müssen. In Frankreich war es in dieser Zeit strafbar, mehr als einen Kilometer entfernt vom Wohnsitz zu radeln oder länger als eine – vorher einzutragende – Stunde spazieren zu gehen. Selbst das Aufsuchen eines Zweitwohnsitzes war verboten.

In Tel Aviv reichten bloß mehr als hundert Meter vom Wohnort und zehn (!) Minuten Spaziergang für saftige Geldstrafen, da waren Häftlinge besser dran. Wer der isolierten

„Bubby", Oma, von der Straße aus zuwinkte, wurde von der GPS-Ortung des Inlandsgeheimdiensts Shabak (lt. seinem früheren Chef Yuval Diskin „ein Muskelprotz mit wenig Hirn") als „Kontaktperson" eingestuft und selbst „mutmaßlich" Infizierte wurden lückenlos elektronisch überwacht. So als ob es weiterer Belege bedurft hätte, musste der legendäre Geheimdienst Shin Beth (der die Überwachung selbst aus technischen und moralischen Gründen kritisiert hatte) seither eingestehen, dass auf diese Weise mehr als 12.000 Israelis irrtümlich in Quarantäne geschickt worden waren. Das hat das Land weder vor einer gewaltigen zweiten Infektions- und Sterbewelle noch einem zweiten Lockdown zum jüdischen Neujahr im Herbst bewahrt und aus dem hochgelobten Vorzeigeland im Frühjahr das, bemessen an der Einwohnerzahl, zeitweilig schwerstbetroffene Land der westlichen Welt gemacht. Nur strengste Shutdown-Maßnahmen im Oktober konnten die täglichen Neuinfektionen von über 9077 (30.9.) wieder auf 225 (31.10.) am Tag herunterbringen. Eine dritte Welle erforderte einen dritten Lockdown zum Jahreswechsel 2021.

Wien kam ohne autoritäre Ausgangssperren aus; Großeltern bis Enkel wurden bloß mit Polizeiwagen und Megafonen von Parkbänken verscheucht. In Brüssel kostete ein Croissant auf der Parkbank essen 500 Euro, in Wien musste dieselbe Strafhöhe wegen Lernens im Freien nach Protesten widerrufen werden. In Salzburg versuchten Angehörige Familienmitgliedern im Seniorenheim Schokolade und Zigaretten über selbstgebastelte Körbe, die aus dem Fenster gehalten wurden, zu „schmuggeln": ein strafwürdiger „Infektionsanschlag"? In Tirol bekam wohl ein Stubenmädchen in einer Zehn-Quadratmeter-Dienstkemenate nach Wochen der Quarantäne einen Lagerkoller und ging (ohne sich oder jemanden zu gefährden) mutterseelenallein „in die Berg" wandern. In Pech, Panik und Dunkelheit musste sie dann aber von der Bergrettung mit Hubschrauber geborgen werden – beides kann sie das gesamte Jahreseinkommen der Wintersaison 2019/2020 kosten. Bei aller nötigen Gesetzestreue und Ordnungsliebe: Soll die europäische Justiz jahrelang mit Millionen Corona-Fällen überfrachtet und lahmgelegt werden?

Kann und soll man hier nicht mehr auf den Gemeinsinn der Zivilgesellschaft als auf staatliche Kontrolle vertrauen?

Idealiter wäre das ein Königsweg zwangloser und vernunftgesteuerter gesellschaftlicher Selbstregulierung – *in a decent society*. Praktisch kommt es leider nicht selten zu einer Art Gruppenmobbing durch selbsternannte sanitäre Tugendwächter, Moralapostel und Hygiene-Hysteriker – oder, als Gegenbewegung, durch Seuchenleugner. Mitunter scheinen dann die „unverbesserlichen" Gesetzesübertreter wie auch die unschuldigen Schutzbefohlenen, etwa alte Menschen, die sich noch nicht ganz wegsperren lassen, weit weniger gefährlich als jene Wachsamen, die Folgsamkeit ihrer Mitbürger*innen für die Exekutive – oder Widerstand gegen sie – einmahnen helfen. Denn die traditionellen Denunzianten, Vernaderer, ehrenamtlichen Blockwarte und Hilfspolizisten – oder eben Rebellen gegen jede Ordnungsmacht – sind nicht nur endemisch, sondern tatsächlich „Lebensgefährder".

Als solche galten manchen Fußgänger im Freien ohne Maske oder Personen, die sich als „Risikogruppe" im dritten Lebensalter noch für Spaziergänge oder eine Radfahrt außer Haus zu bewegen wagten. Die Kabarettistin und Poetry-Slammerin Lisa Eckhart hat in einem brillanten *Falter*-Essay den neuen Typus des vorgeblich fortschrittlichen „Gutunmenschen", der das Gute nur in sich selbst sieht, trefflich analysiert.[79] Beim Gutunmenschen lösen putzmuntere Alte auf der Straße statt gebrechlich und isoliert dahinsiechender Greise eine solche Wut, Straf- und Mordlust aus, „dass er große Lust verspüre, ihnen in den Mund zu husten", wie er auf Facebook öffentlich kundtat. So wird junges – und begehrt hochinfektiöses – Bespucken als Strafe für das Überleben im Alter anstelle des stillen Sterbens oder einfachen Verschwindens in Altenheimen oder in der „Absonderung“ privater Haushalte fantasiert.

Ist also auch auf die Selbstorganisation der Bürger kein Verlass bezüglich des Gemeinwohls?

Wenn überbesorgte Zweitwohnbesitzer sich (wie im Frühjahr in Siedlungen an der Donau nördlich von Wien) organisieren und Zutrittsbarrieren und Straßensperren „wegen Corona“ gegen Ortsfremde errichten, dann müssen die Behörden sogar einschreiten – wenngleich nicht, wie geschehen, durch Sperre der Wasserzufuhr. Daher versucht der Staat in Not gelegentlich, die bei den Mitbürgern so unbeliebten, aber für die Obrigkeit oft nützlichen Denunzianten oder Bürgerwehrbereiten für sich einzuspannen. So hat etwa die Stadt Essen seit Mai auf ihrer Website ein Meldeformular abrufbar, auf dem Ort, Zeit und Art des Verstoßes gegen Corona-Verordnungen vermeldet werden können, „Beweisfotos sind willkommen“.[80] Einige hundert Anzeigen sind eingetroffen.

Der Kritik, dies fördere das Denunziantentum, entgegnet der Stadtdirektor, es gehe „um unser aller Gesundheit“ und „niemand möchte einen zweiten Lockdown“. So wird „der Denunziant als Wohltäter für die Allgemeinheit“ gepriesen. Es konnte so wohl gar nicht ausbleiben, was der Hauptgeschäftsführer des Deutschen Städte- und Gemeindebundes der Kanzlerin Angela Merkel in einer Videokonferenz vorschlug: Private Sicherheitsfirmen sollten überforderten Ordnungsämtern helfen. Einzelne Bürgermeister wie in Emsdetten in Westfalen haben das bereits eigenwillig veranlasst, ohne auf Direktiven zu warten. Für 3000 Euro täglich überwachten private Sicherheitsdienste die Einhaltung der Quarantäne in zwei Mehrfamilienhäusern mit bulgarischen Leiharbeitern eines Geflügelbetriebs mit Corona-Ausbruch. Das war inzwischen Alltag in Deutschland im Herbst – mit Mikro- und Meso-Lockdowns.

Was bedeuten Mikro- und Meso-Lockdowns in föderalen Strukturen?

Sie stehen im Gegensatz zu umfassender Massenquarantäne, flächendeckendem Abschalten großer Teile der Wirtschaft und drastischen Einschränkungen des Zusammenlebens im gesamten Bundesgebiet. Meso- und Mikro-Lockdowns treffen nicht das ganze Land oder Bundesland, sondern einzelne Bezirke, Ortschaften, Dörfer, Gemeinden, vielleicht nur bestimmte Grätzel, Straßenzüge, Betriebsstätten usw. Eine Quarantäne in Ischgl oder St. Anton sperrt eben weder ganz Tirol oder den gesamten Arlberg, wenn neben den Hotspots Orte wie Alpbach oder andere Talschaften gleichzeitig völlig virenfrei sind. Dieser kleinteilige, hochdifferenzierte Ansatz vermeidet durch zielsichere punktuelle Interventionen schwere Kollateralschäden regionaler oder gar nationaler Shutdowns, die Menschen ganz unabhängig von realer akuter Gefährdungslage großflächig einsperren und dabei unintendierte Nebenfolgen in Kauf nehmen, ohne treffsicher höhere Wirksamkeit zu erzielen.

Föderalistische Vielfalt erlaubt und fördert solche effizienten Mikrostrategien, hat aber auch eigene Kosten dieser Kleinststaaterei. In hochmobilen Gesellschaften verlieren Bürger, Reisende und Gäste sehr rasch den Überblick, ob sie sich gerade im Tiroler oder Vorarlberger Arlberg, im baden-württembergischen oder bayrischen Allgäu aufhalten, wo genau man wann was (gehen, stehen, treffen, musizieren, radeln, sitzen, essen, picknicken, grillen, schwimmen, wandern, Ski fahren oder welchen anderen Sport treiben) tun darf. Wenn etwa in der Bundesrepublik die Länder ihre jeweiligen, unterschiedlichen Corona-Regeln durchschnittlich alle drei bis fünf Tage (!) änderten, so brauchte es wohl hauptberufliche Beobachtungsstellen, um die jeweilige Geltung von Verordnungen, Verfügungen und Erlässen „bürgernah“ nachvollziehen zu können. Wem war es zu verdenken, wenn selbst gutwillige Bürger verwirrt, entnervt oder überfordert waren.

Im Oktober kannte sich zeitweilig niemand mehr genau aus, einschließlich untereinander uneiniger Fachleute. Wer aber höchstgerichtliche Entscheidungen braucht, um Alltagsregeln zu verstehen, macht und hat Probleme.

Hier spielen natürlich auch schiere Größenordnungen eine Rolle. Denn im Gegensatz zu den „Ausgangsbeschränkungen" in Österreich gab es in der gesamten Bundesrepublik Deutschland auch im Frühjahr nie einheitliche Lockdown-Regelungen. Nur sechs der 16 Bundesländer hatten zumindest phasenweise landesweite Ausgangsverbote verfügt, so Bayern (13 Millionen Einwohner), nicht aber Baden-Württemberg (11 Mio.) und Nordrhein-Westfalen (18 Mio.), die zwar Kontaktbeschränkungen, aber keine Ausgehbeschränkungen anordneten. Der offensichtliche Vorteil föderaler gegenüber zentralstaatlichen Systemen liegt gerade bei turbulenten Umständen, begrenztem Wissen und Unerfahrenheit in den Möglichkeiten organisierter Diversität, von schrittweiser experimenteller Politik, Versuch und Irrtum, ständiger Kommunikation und wechselseitigem Lernen über Best Practices. Daraus können sich tatsächlich durch *piecemeal engineering* bessere Lösungen herauskristallisieren als *One size fits all*-Einheitsregeln – allerdings auf Kosten höheren Zeitaufwands und Komplexität, während in Krisen Tempo und Transparenz zählen.

Sollte sich die Gesellschaft nicht gerade in einer Krise auf das Wichtigste besinnen und nicht auf das Naheliegendste oder nur das Dringlichste?

Genau das klappte am Anfang ganz ausgezeichnet: Seit Jahrzehnten wurde in den Medien noch nie so achtsam, so viel und regelmäßig Positives, Wertschätzendes, Ermutigendes berichtet wie während der ersten Quarantäne. Das verstärkte wiederum die konstruktiven, zukunftsbejahenden Impulse in Zeiten hoher Unsicherheit und Anspannung.

Dies galt aber nur in der ersten Phase der Shutdowns. Denn mit der Chronifizierung der Gesundheitskrise wurde, je länger sie andauerte und ab Herbst die epidemiologischen und massenpsychologischen Erfolge des Frühjahrs-„Hammers" und der sommerlichen „Tanz"-Lockerungen infrage stellte und zu einer umfassenden Wirtschafts- und Sozialkrise ausweitete, auch die dunkle Seite der *condition humaine* und ihrer medialen Spiegelungen und Ausbeutung wieder sichtbarer.

Unvermeidlich ambivalent war von Anbeginn an nicht nur das Beste, Innovativste, Humanste, sondern auch das Mieseste unserer Spezies offenbar: vom Diebstahl lebenswichtiger Schutzkleidung und Atemmasken, Plünderungen von Desinfektionsmitteln und -automaten in deutschen Spitälern am helllichten Tag und „laufenden Diebstählen" im österreichischen Parlament über Panikhamsterkäufe, verantwortungslose Geschäftsgier und Wucher bis zu Waffen- und Munitionskäufen. Warum wurde eigentlich keinem der offenkundig gefährlichen Psychopathen, die sich vor dem ersten Lockdown in Warteschlangen vor Waffengeschäften drängten, um sich mit einer Glock und Verdreifachung der „üblichen" Munition einzudecken, der Waffenschein überprüft und entzogen? Und warum durften im zweiten Shutdown – bei geschlossenen Schießstätten – Munition und Waffen als „Notfallprodukte" durchgehend gekauft und verkauft werden?

Neben den akuten Auswirkungen wird die Krise auch langfristig Spuren hinterlassen. Mit der horrenden Arbeitslosigkeit brechen Versicherungsbeiträge weg, das wird die Pensionen für den Staat zumindest kurzfristig stark verteuern. Was sind die längerfristigen Folgen?

Am besten können wir wohl aus den historischen Krisen von 1929 bis 2008 lernen. Interessant sind 2020 die solidaristischen bis sozialistischen Reflexe, das Entsorgen neoliberaler, marktfundamentalistischer Dogmen (gegen Staatshilfen bis Verstaatlichungen) gleichsam über Nacht. Wir beobachten das Wiedererstarken nationaler Fürsorgestaaten und unbestrittene Slogans wie „We are all Keynesians now", „Sauvetage à tout prix", Staatsverschuldung „koste es, was es wolle" usw. – wobei das „Koste es, was es wolle" angesichts der Zinslandschaft und „financial repression" zumindest kurzfristig tatsächlich fast nichts kostet. Ultraliberale Positionen sind in Hygieneregimes nirgends zu sehen und es scheinen sich neue *policy and welfare mixes* jenseits liberaler und sozialistischer Komponenten herauszumendeln. Langfristig sind nur jene kurzfristigen Weichenstellungen entscheidend, die sich als unumkehrbar erweisen.

Im Regierungsprogramm heißt es, dass es keine grundlegende Neuausrichtung des Pensionssystems brauche. Es sollen nur Maßnahmen gesetzt werden, um das effektive Pensionsantrittsalter deutlich zu erhöhen. Wird das reichen?

Natürlich kann das nicht reichen. Aber das galt schon vor der Krise. Danach umso mehr. Bloßes Anheben des effektiven Pensionsalters reicht nicht, solange es hinter den tatsächlichen Langlebigkeitszuwächsen von zuletzt 71 bis 101 Tagen jährlich zurückbleibt. Das Regierungsprogramm ist durch die Krise reine Makulatur geworden, von SARS-CoV-2 innerhalb weniger Tage hinweggerafft, gleichsam geschichtlich geschreddert. Es wäre sinnvoll und ehrlich, wenngleich schwierig gewesen, eine Neufassung zu vereinbaren. Und mit Neustart und Reset aus der Corona-Krise auch Umwelt-, Klima-, Bildungs-, Arbeitsmarkt-, Pflege- und Pensionssysteme allmählich auf Nachhaltigkeit umzustellen.

Schon ein Blick auf das Budget verdeutlichen Malaise und Handlungsbedarf. Selbst im Krisenhaushalt 2021 bleiben die Pensionen mit fast einem Viertel (23,5 %) der bei weitem größte Ausgabenposten. Das Stopfen des Pensionslochs durch erhöhten Bundeszuschuss erreicht bereits 12,36 Milliarden und übertrifft damit sogar die Ruhegenüsse der Beamten (10,48 Mrd.). Innerhalb von nur drei Jahren stieg allein das Defizit im Privatsektor um 2,39 Milliarden bzw. um 24 Prozent, dreimal stärker als die Beamtenpensionen, deren Kosten bereits ebenfalls sehr weit über der Inflation zunahmen. Auch die Rahmenplanung des Finanzministeriums für die Jahre 2021 bis 2024 musste vom Frühjahr bis Herbst 2020 weiter dramatisch angepasst werden, sodass der Bundesbeitrag 2024 mit 14,3 Milliarden über 55 Prozent höher sein wird als 2018 mit 9,2 Milliarden. Gemessen an der Wirtschaftsleistung wird der Zuschussbedarf um ein Drittel von 2,4 auf 3,2 Prozent des BIP ansteigen.

Und hausgemachter populistischer Leichtsinn verschärft den demografischen Babyboomer-Pensionsschock. Vorwahlzuckerl der letzten Jahre wie die Wiedereinführung der Frühpension durch „Hackler"-Regelung, „Frühstarterbonus" und eine jährliche Pensionsanpassung weit über der gesetzlichen Wertsicherung nach dem Verbraucherpreisindex potenziert den coronabedingt massiven Ausfall von Pensionsbeiträgen und spitzt die Pensionsmalaise weiter krisenhaft zu. Wie sich echte Schwarze und Grüne in dieser türkis-blauen und wahre Rote in der pseudo- bzw. retroroten Pensions-Wohlfühlschummelei wiedererkennen können, ist mir rätselhaft.

Umfragen zufolge glaubt nicht einmal jeder Zweite, dass es die staatliche Pension in ihrer heutigen Form bis zum eigenen Pensionsantritt noch geben wird. Warum traut sich die Politik trotzdem nicht an eine deutliche Reform des Pensionssystems?

Tatsächlich gibt es leider nur wenig Vertrauen in die öffentliche Alterssicherung. Aber auch übertriebener Alarmismus ist unbegründet: Es wird immer irgendwelche „Pensionen" geben, entscheidend sind nur die dahinterstehende und vermutlich geringere reale Kaufkraft – und die strengeren Anspruchsvoraussetzungen. Die Unsicherheit weiter Bevölkerungskreise darüber ist quälend, aber selbst verschuldet. Misstrauen und Reformangst scheinen noch größer als das gewohnte Unbehagen ungewisser Aussichten. Im Gegensatz etwa zu Skandinavien und „Britain abroad", den anglosächsischen Ländern aller Kontinente scheint den Bevölkerungen Kontinental- und Mitteleuropas die nüchterne Pensionswahrheit nicht zumutbar.

Während wir tendenziell immer älter werden, bleibt das effektive Pensionsantrittsalter seit Jahrzehnten in etwa gleich. Viele Experten fordern daher eine Pensionsautomatik. Warum lehnt ein Großteil der österreichischen Parlamentsparteien diesen Vorschlag aber ab?

Genau genommen blieb es gar nicht „gleich": es sank zuerst jahrzehntelang, um zuletzt völlig unzureichend wieder anzusteigen. 2019 waren wir daher auf dem Niveau von 1976 – bei einem Jahrzehnt längerer Lebenserwartung. Stellen Sie sich einmal vor, unser Lebensstandard oder Lebensstil wäre heute noch der von 1976, also 45 Jahre Stillstand als Rückschritt!

Es gibt daher keine Fachperson von Rang, die nicht irgendeine Form der Pensionsautomatik befürwortet, keine einzige. Warum die Parlamentsparteien (mit Ausnahme der NEOS) sich inzwischen alle – und mehrfach im Gegensatz zu früheren Festlegungen – auf populistische Verdummung eingeschworen haben („die Leute wollen das nicht"), müssen Sie diese selbst fragen. Es ist so, als ob sie sich in einer gefährlichen Pandemie mit komfortablem Nichtstun bequemen, weil die Menschen Abstandsgebote und Zusammenrottungs- und Kussverbote halt einfach nicht mögen.

Diesen kollektiven Verleugnungswahn gegenüber unbestreitbaren Fakten und Realitäten, gegen OECD, EU, IMF, Weltbank, gegen alle Wissenschaft und selbst das Regierungsprogramm 2006 verdankt Österreich dem Krach und Krawall durch die damals neu gegründete Zeitung *Österreich* und anderen Boulevardmedien. Sie provozierten 2008 sogar den parteiintern betriebenen Sturz von Kanzler Gusenbauer und Sozialminister Buchinger in der SPÖ und vorzeitige Neuwahlen durch die ÖVP („es reicht") wegen der Konflikte um die

Pensionsautomatik. Zu der hatten sich Regierungschef und Minister, die beide dem linken Flügel der Sozialdemokraten zugezählt wurden, bereits als Kompromiss mit der konservativen ÖVP durchgerungen. Dieser Kurswechsel spülte Faymann an die Macht und machte den Boulevard zum Schiedsrichter über politische Zumutbarkeit in Existenzfragen. An den Spätfolgen einer Art schwerer populistischer Vorerkrankung öffentlicher Pensionsdiskurse leiden wir bis heute.

Derzeit ist ein Pensionssplitting nur freiwillig und nur mit gemeinsamen Kindern möglich. Ein automatisches Pensionssplitting ist allerdings in Planung. Was ist davon zu halten?

Ich bin seit Jahrzehnten dafür eingetreten, auch hier für einen Automatismus, aber ohne Zwang und Zwangsbeglückung, wie dies einer liberalen Demokratie wohl ansteht. Es wird die Massenaltersarmut der Frauen infolge vorherrschender Teilzeitarbeit zwar nicht verhindern können, aber zumindest ein bisschen abschwächen. Neue Volkspartei (NVP) und Grüne übernahmen endlich, was Fachleute und NEOS seit langem gefordert hatten. Künftig wird die Default-Option umgedreht, Splitting wird regulär statt antragspflichtig, während das Opting-out für Paare hartgesottener Machos und ahnungsloser Bräute weiterhin extra begehrt werden kann. Das könnte die Inanspruchnahme von unter einem auf 99 Prozent umkehren. Da es alle Familieneinkommen zulasten der Pensionsversicherung erhöht und mehr kostet, geht es um sinnvolle Humaninvestitionen.

Bekanntlich werden die Berufstätigen, die in den „Pensionstopf" einzahlen, im Verhältnis immer weniger. Könnte sich durch die Corona-Krise unser demografisches Problem weiter verschlimmern?

Die dramatische Wirtschaftskrise infolge der Pandemie und ihres Seuchenmanagements wird – mit Ausnahme der

Zuwanderungsdynamik – kaum demografische, sehr wohl aber schwerwiegende Auswirkungen auf den Arbeitsmarkt, die Sozial- und Pensionsversicherung und die öffentlichen Haushalte haben. Damit könnte der ohnedies inexistente, weil bereits chronisch unterfinanzierte, quasi intubierte „Pensionstopf“ zusätzlich ausgezehrt werden und rasche Reformen noch dringlicher machen, als sie schon durch die Babyboomerkrise bis 2034 erforderlich sind.

Daher trifft „Pensionsloch“ als Bild und Begriff eher zu, da dem chronisch defizitären „Pensionstopf“ Jahr für Jahr ein Drittel mehr Mittel entnommen als neu zugeführt werden. Nur die staatliche Ausfallshaftung als Budgetbürgschaft letzter Instanz macht daher die am Tropf und der Herz-Lungen-Maschine fiskalischer Bundeszuschüsse hängende öffentliche Pensionsversicherung „sicher“ – so „sicher“ und überlebensfähig oder eben unsicher wie wir als Schuldner unseren internationalen Gläubigern jeweils gerade scheinen. Sie allein entscheiden letztlich, ob etwa Argentinien oder Russland mit einem Bruchteil italienischer, japanischer oder US-amerikanischer Schulden in den Staatsbankrott geschickt werden oder nicht.

Ergänzend zur staatlichen Pensionsvorsorge will die Regierung auch entsprechende Rahmenbedingungen für die private Pensionsvorsorge schaffen. Was wäre hier notwendig?

Zusätzlich zur Sanierung der ersten Säule ist betriebliche Alterssicherung das Gebot der Stunde. Während wir in Österreich derzeit nur vier Prozent und im Vollausbau einmal eine Minderheit bis zu 23 Prozent an Personen mit Betriebspensionen haben werden, sind dies in der EU die Mehrheit der Bürger*innen, in Deutschland 65 Prozent und in entwickelten Wohlfahrtsstaaten von Holland bis Schweden über neunzig Prozent der Bevölkerung. Wir sollten, wie bei der Abfertigung neu gegenüber Abfertigung alt, dieses Sozialrecht demokratisieren und aus einem privilegierten Minderheitenprogramm ein Bürgerrecht aller machen.

Die Regierung plant auch eine sogenannte PensionsApp. Darin sollen zur Schaffung von Transparenz die drei Säulen zusammengeführt werden. Was ist davon zu halten?

Jeder Beitrag zum Kampf gegen „pension illiteracy", den endemisch grassierenden Pensionsanalphabetismus, ist zu begrüßen – und war längst überfällig. Im vorgesehenen Drei-Säulen-System wäre das Format einer Public Private Partnership aller Stakeholder angebracht. Diese PPP könnte Sozialversicherung und staatliche Beitragsgaranten, wissenschaftliche Expertise wie auch private Anbieter, Interessenverbände und gemeinnützige Akteure der Zivilgesellschaft zusammenbringen.

Allerdings halte ich eine solche App in absehbarer Zukunft für völlig illusorisch. Im Gegensatz zu Ländern mit erfolgreichen Pensionsreformen und einermaßen stabilen und nachhaltigen Rentensystemen wie etwa Schweden, Norwegen, Dänemark, Finnland, den Niederlanden und der Schweiz gibt es nämlich in Österreich bis heute keinen maßgeblichen Mindestkonsens aller Parteien und über alle Regierungskonstellationen hinweg bezüglich tragfähiger Alterssicherung. Und ohne Konsens keine App.

In den kommenden Jahren wird das System weiter belastet. Die geburtenstarken „Babyboomer"-Jahrgänge gehen in den Ruhestand. Berufstätige Beitragszahler in den „Pensionstopf" werden im Verhältnis immer weniger. Kann das nachhaltig sein?

Sicher nicht. Bis 2034 gehen die Jahrgänge 1956 bis 1969, das sind 1,9 Millionen Babyboomer, in den Ruhestand. Es wird dann bald drei statt zwei Millionen Pensionist*innen geben. Eine Million über Achtzigjährige wird das Pflegesystem

zusätzlich strapazieren. Dieses 15-jährige Jahrhundertereignis wird in Turbulenzen bis über 2070 hinaus nachbeben.
Am Höhepunkt des Nachkriegs-Babybooms 1963 wurden 135.000 Kinder geboren. Diese breiten Kohorten müssen nun von ihren dünnen Kinder- und Enkel-Generationen durchgefüttert werden. Tiefpunkt des Babyslump waren die Jahrgänge 1999 bis 2013 mit nur noch 75.000 bis 79.000 Geburten, die als Erwerbstätige ihre um siebzig bis achtzig Prozent stärkere Eltern- und Großelterngeneration alimentieren müssen.

Politik und Allgemeinbewusstsein sind dafür längst nicht fit. Wir werden die Folgen spüren. Jede(r) anders, aber alle schmerzlich. Für schmerzfreie, sanfte Anpassungen, etwa eine sofortige Erhöhung des Referenzalters um bloß zwei, drei Monate als Ausgleich für vergleichbare jährliche Lebenszeitgewinne wird es 2034 viel zu spät sein. Es könnte uns brutale Einschnitte oder schwere Krisen ersparen.

Könnte sich die Corona-Krise auf die Beziehungen zwischen den Generationen auswirken?

Ja sicher, und die potenziell negativen Folgen sind besorgniserregend. So sieht übrigens auch die Hälfte der Bevölkerung (49 %) das „Generationsverhältnis durch die Corona-Krise belastet“ und nur 27 Prozent den „Zusammenhalt gefördert“.[81] Es gibt die verheerende Einordnung von Corona als eine Art Altenseuche und von älteren Menschen als vornehmlich bedürftiger „Hochrisikogruppe“, zu deren Schutz und Wohlergehen die gesamte Gesellschaft härteste Opfer erbringen müsse. Infolgedessen sehe ich eine zwar weiterhin heuchlerisch tabuisierte, selbstverleugnende, aber tiefenwirksame neue Welle feindseligen Ageism und vergifteter Generationenbeziehungen vorher.

Man möchte mit Karl Valentin sagen „hoffentlich wird es nicht so schlimm, wie es schon ist“. Schon jetzt quellen Leserbriefe, Posts und Social Media über mit Meinungen, es gäbe „eh viel zu viele Alte“ (oder „alte weiße Männer“). „Schön, dass die bald wegsterben" konnte man sogar schon von Prominenten bei öffentlichen Debatten am Podium hören. Wie klein ist der Schritt vom „Im-Weg-Stehen" der „alten Weiber, Säcke und Silberrücken" zu ihrem „Aus-dem-Weg-Räumen", so oder so?[82]

Historisch gesehen ist Covid-19 die erste Seuche, die jemals von der altersspezifischen Auswirkung auf ihre Opfer her definiert wurde. Nie zuvor in der Menschheitsgeschichte war eine Pandemie durch die gefährdetste Altersgruppe, in diesem Fall als Altenseuche, gekennzeichnet worden. Um das am gegenteiligen Extrem inexistenter „Jugendseuchen" zu verdeutlichen: Hat jemals jemand gehört, dass HIV/Aids seit 1981, dass H1N1, die Spanische Grippe 1918 oder H1N1/09, die Schweinegrippe als Subtyp des Influenzavirus oder A/California7/2009 (H1N1), die „neue Grippe" 2009/2010 eine signifikant höhere Mortalität bei jungen Menschen aufwies, während ältere Menschen eine stärkere Immunität gegen diese anderen Influenzaviren zeigten?

Wieso hält sich dann die Vorstellung von Corona „als eine Art Altenseuche"?

Wahr ist, dass Corona Jüngere und Ältere sehr unterschiedlich trifft, das gilt umgekehrt auch für die Pandemiepolitik. Zusammen genommen treffen Seuche *und* Seuchenmanagement Junge und Alte zwar ganz anders, aber insgesamt vergleichbar schwer.

Die direkten Opfer erster Ordnung des neuen Coronavirus sind hauptsächlich ältere Menschen. Sie zahlen mit ihrer Gesundheit, mit Leben und Tod. In der Schweiz etwa war das mittlere Alter der Corona-Toten 86 Jahre und 92 Prozent der Verstorbenen waren über siebzig, während für 20- bis 49-Jährige das Risiko kaum höher war, als im Straßenverkehr umzukommen. Wie genau sich die Pandemie auf die Lebenserwartung in Abhängigkeit von Infektionsraten und Altersstrukturen auswirkt, ist höchst komplex und noch weitgehend unerforscht.[83] Doch der Schutz Alter wird, durchaus berechtigt, als ein Hauptanliegen der Gesundheitspolitik eingestuft.

Dagegen sind die indirekten Opfer zweiter Ordnung meist jünger, und sie werden von der Politik weit weniger fokussiert und bevorzugt. Sie haben kaum Gesundheits- und Sterberisken, bezahlen aber mit horrenden Verlusten, Verlusten ihrer Arbeit, Qualifikationen, mit Eigentums- und Einkommenseinbußen, mit Arbeitslosigkeits-[84] und Armutsrisiken, Viktimisierung durch Kriminalität, Gewalt, Alkohol- und Drogenmissbrauch, Suizid, sozialer Vernachlässigung sowie Zerfall von Familien und Gemeinwesen. Zudem werden sie die steigende Last der Pensionsdefizite und Corona-Schulden schultern müssen.

Es zahlen also auch Kinder und Jugendliche durch Bildungsausfälle und die Bevölkerung im Erwerbsalter letztlich mit Jahren (gesunden) Lebens durch gesundheitliche Beeinträchtigung und vorzeitigen Tod. Der entscheidende Unterschied ist, dass die indirekten Kosten der jüngeren Opfer zweiter Ordnung in Lebensjahren, Gesundheit und humanen Schäden sehr viel komplexer und schwieriger zu berechnen sind als die einfachen Leichenzählungen pandemiebedingter Todesfälle Älterer. Damit kommt diese Asymmetrie älteren Menschen mit unmittelbaren, einfachen, sofortigen und totalen Lebensbedrohungen zugute. Sie müssen den Preis für diese strukturell bevorzugte Behandlung in der Gesundheits- und Sozialpolitik durch unterdrückte, stille, feindselige Vorurteile und Ressentiments gegen Alte bezahlen.

Jüngere zahlen also durch Vernachlässigung, Ältere durch soziale Abwertung für ihre besondere Schutzwürdigkeit in der Corona-Krise?

So scheint die archaisch-darwinistische Grausamkeit gegenüber sozialer Schwäche. Die wichtigste Heimzahlung, die schmerzlichste Vergeltung für viele Ältere mag die Kränkung sein, im Lebensverlauf plötzlich viel früher als „alt", als sprunghaft „älter“ als vor Corona, und als „älter“ als die Älteren sich selbst fühlen definiert zu werden. Das Ausmaß der kollektiven Kränkung wird mit der Differenz zwischen offiziellem und „gefühltem“ Alter, zwischen gleichermaßen „objektivem“ chronologischem und prospektivem Alter fernerer Lebenserwartung zunehmen.

Erste empirische Schätzungen gehen von vier Jahren bis zu einem Jahrzehnt guten und gesunden Lebens aus, das im dritten Lebensalter aufgrund des seuchenbedingt früheren kulturellen Alterns psychisch „verloren“geht. Dieses zugeschriebene vorzeitige Altern entwickelt sich wirkmächtig gegen anhaltende objektive Langlebigkeitsgewinne und gegen die objektive biologische Verjüngung, nämlich weiterhin reduzierte Sterblichkeit im gleichen Alter – trotz Corona. Wer etwa in den USA an Covid stirbt, tut dies durchschnittlich 13 Jahre vor der Zeit erwartbarer Lebensdauer. Wer hingegen, wie die übergroße Mehrheit selbst alter Menschen, eben *nicht* daran stirbt, wird als Überlebender auf der Langlebigkeitsachse fast ein Jahrzehnt in Richtung Lebensende geschoben – wohlgemerkt als faktenwidrige, rein psycho-kulturelle Zurechnung vermeintlich verkürzter fernerer Lebenserwartung.

Offener Altenhass wird auch künftig eine seltene Ausnahme bleiben. Doch Altenverachtung und Ressentiments gegen Alte werden zunehmen. Sie dürften eher in der von der Corona-Krise sozial am härtesten getroffenen und zugleich erbschafts-, besitz- und vermögenslosen Hälfte der Bevölkerung am virulentesten werden. Hingegen werden sie in mittleren und oberen Schichten der Gesellschaft durch Rücksicht auf familiär nahestehende Erblasser deutlich abgemildert ausgedrückt, aber latent keineswegs weniger wirksam sein. Corona spaltet die Gesellschaft. Neue Klassenkämpfe mit altersdiskriminierenden Vorurteilen und Untertönen sind in einer „Erbenrepublik“ (Bert Rürup) mit hierzulande zigmilliardenfachen privaten Vermögenstransfers jährlich quasi vorprogrammiert.

Im Zuge der Krise wird bereits diskutiert, wie der Staat die Ausgaben wieder hereinbekommt, etwa durch Steuern für Reiche oder geringere Zuschüsse zu Pensionsprivilegien öffentlich Bediensteter. Wird die Politik nicht auch dieses heiße Eisen angreifen müssen?

Unbedingt, und zwar mehrere heiße Eisen. Erstens zeigt sich im Rückblick einmal mehr schmerzhaft, wie unsinnig die populistische Abschaffung des Pflegeregresses als einzig existierender, vernünftiger und fairer Vermögensbesteuerung wirklich war.[85] Statt eines Beitrags vermögender Erblasser zu ihrer eigenen Pflege haben wir jetzt de facto ein Recht auf pflegefallsichere Erbschaft und eine Erbenversicherung auch für vermögende Erben, aber weiterhin keine Pflegeversicherung. Durch Verfassungsmehrheit ist das höchstwahrscheinlich für immer einzementiert, also eine auf ewig unkorrigierbare Fehlentscheidung – zur verkehrten Umverteilung von unten nach oben, von Armen und allen Steuerzahlern zu Reichen.

Zweitens müssten Steuern auf Wohlstand und Reichtum bzw. „Überreichtum" auch Wohlhabende nicht schrecken. Pragmatisch gesehen sollte man auf Vermögenssteuern, die nur sehr kostspielig und strittig eintreibbar bzw. oft kontraproduktiv sind, verzichten und stattdessen lieber Erbschaftssteuern einheben.[86] Entsprechend der sehr viel linkssteileren bzw. rechtsschieferen Ungleichverteilung von Vermögen im Vergleich mit Einkommen müsste diese Erbschaftssteuer sehr hohe Freibeträge und bei Unternehmensübergängen großzügige Stundungen vorsehen, mit schmerzlosen Niedrigsteuersätzen beginnen und erst bei Multimillionären und Milliardären und entsprechenden, mitunter exponentiellen *windfall gains* derartig progressiv ansteigen.

Aber lässt sich für Umverteilung von Vermögen jemals ein politischer Konsens herstellen?

Viel eher, als wir in traditionellen Schablonen denken würden. Erbschaftssteuern sind keineswegs immer politisch „links“. Schon John Stuart Mill, Vordenker des Liberalismus und Befürworter des Leistungsprinzips, propagierte gerade darum sogar hundertprozentige, konfiskatorische Erbschaftssteuern, um freiheitsgefährdende Reichtumskonzentration bei jenen, „die nichts zur Entstehung des Vermögens beigetragen“ haben, zu unterbinden. Und „rechte“, konservativ-liberale Finanzwissenschaftler wie Stefan Homburg plädieren heute dafür, Erbanfälle zu einer achten Einkunftsart der Einkommenssteuer zu machen und so Erbschaften und Erwerbsarbeit gleich zu besteuern.

Und wie sollte man mit den fortbestehenden Pensionsprivilegien verfahren?

Auch bezüglich der Pensionsprivilegien gibt es unmittelbaren Handlungsbedarf – und auch gute Ansatzpunkte. Das betrifft sowohl die Ruhegenüsse der Beamten wie auch die sog. „Sonderpensionen“ oder „Luxusrenten“. Die weiterhin vorhandene Bevorzugung aller Beamtenpensionen könnte durch raschere Harmonisierung aller „Ruhegenüsse“ im öffentlichen Dienst mit ASVG noch vor dem Jahre 2028 (oder gar 2042 in Wien) bewältigt werden. Hierzu müsste die türkise Neue Volkspartei „nur“ über ihre alten schwarzen Schatten des Beamtenklientilismus springen.

Und die wahrhaft skandalöse, jahrzehntelange, schamlos korrupte Selbstbedienung an öffentlichen Kassen in eigener Sache durch „Sonderpensionen“ aller Art sollte endlich tatsächlich beendet werden. Sie hat eine neue Klasse von Pensionsmultimillionären im geschützten Sektor von Kammern, Sozialversicherung, Nationalbank und staatsnahen Unternehmen hochgezüchtet. Zumindest ein spürbarer „Pensionssicherungsbeitrag“ aus Solidarität mit allen weniger begünstigten

Steuerzahler*innen, die diese Privilegien auf Jahrzehnte hinaus weiter spendieren müssen, war von den letzten drei Koalitionsregierungen jeder Couleur auch wiederholt versprochen worden – 2014 etwa bescheidene fünf bis 25 Prozent – aber bis heute nicht eingelöst.

Sozialer Parasitismus und strukturelle Korruption einiger weniger und nur selten leistungsstarker Spitzenrentiers zulasten der allermeisten Steuerzahler geht insbesondere in Zeiten schwerer Krisen, schmerzlicher Einschränkungen und allgemein erforderlicher Verzichte gar nicht. Keynes' Diktum von der „Euthanasie des Rentiers" – er dachte an funktionslose Investoren und nicht, viel schlimmer, an völlig nutzlose Nutznießer renditeträchtiger korrupter Deals – dürfte die einzige Lösung in der gegenwärtigen Krise sein. Umgekehrt: Wenn ein bisschen mehr Fairness und Gerechtigkeit für sozial benachteiligte, aber „systemrelevante" Leistungsträger nicht in Zeiten wachsender Ungleichheit wie diesen hergestellt werden kann, etwa um unseren Pflegenotstand zu beheben, wann dann?

Können wir mit den Lockerungen nach Ostern allmählich wieder aufatmen?

„Ja und nein, das hängt von unserer Gesundheit und auch unserer mentalen Grundstimmung und unserem Glauben an eine weltliche Wiederauferstehung ab. Am Ende einer endlos langen und zugleich atemberaubend kurzen Zeit des Umbruchs, der Quarantäne und des sozialen Fastens und Darbens sagen nämlich unsere Krisenerwartungen zwischen Ängsten und Hoffnungen vor allem auch etwas über uns selbst aus. Über unsere Widerstandskraft, Klugheit, Mitmenschlichkeit, Realitätssinn und Fähigkeit zu Aufbruch und Erneuerung, zum Aufbau einer neuen Welt dort, wo die alten Verhältnisse gleichsam unter den ständig gewaschenen, desinfizierten Händen zerfallen." So lautete meine Antwort am Ostersonntag – 2020!

Fast drei Wochen davor hatte eine Qualitätszeitung wie die *Salzburger Nachrichten* hoffnungsfroh getitelt: „Im Mai könnte das Zurück ins normale Leben beginnen". Wohlgemerkt: Im März wurde „das Zurück ins normale Leben" von klugen Köpfen für Mai 2020 erwartet. Wiederkehrende zweite und dritte größere Infektionswellen und längere Lockdowns schienen damals ebenso undenkbar wie die Hoffnung auf einen Impfstoff und über hundert Millionen Impfungen innert weniger als einem Jahr. Zwischenzeitlich belehrt von harten Landungen in weithin geleugneter Seuchendynamik einerseits und dem Weihnachtswunder hyperrascher Entwicklung wirksamen Impfschutzes anderseits bleibt zum neuem Jahr 2021 nur der lakonische Nachsatz: Die Osterhoffnungen 2020 könnten sich verspätet nach Ostern 2021 allmählich verwirklichen, nämlich wenn wir ohne jenseitige Heilserwartungen unsere innerweltliche Wiederauferstehung qua Impfstichen selbst in die Hand nehmen.

Wie kann eine – und unsere – Welt ohne oder nach Corona aussehen?

Eine Welt *ohne* Covid-19 wäre zwar theoretisch möglich, nämlich wenn sich das Wunder spurlosen Verschwindens des Virus wie bei SARS nach Mitte 2003 wiederholen oder seine Ausrottung gelingen würde. Doch darauf dürfen wir nicht zählen. Eine Welt *nach* Corona wird es daher leider kaum geben, sondern wohl nur eine *mit* Corona. Sie wird eine recht bald schon harmlos millionenfach „durchseuchte", zugleich mit Medikamenten und Impfstoffen besser geschützte, mehr oder minder breit bzw. intelligent durchimpfte sein. Corona ist nicht Pest und Cholera, Ebola, Polio oder Pocken. So wie wir seit über einem Jahrhundert in einer Welt mit hundert Millionen Grippetoten gelebt haben – nach fünfzig Millionen Toten der „Spanischen Grippe" 1918 starben 1968 über eine Million an der „Hongkong-Grippe", ebenso viele 1997 an der „Asiatischen Grippe", 150.000 an der „Schweinegrippe" 2009 und seither jedes Jahr bis zu 650.000 Personen an „normaler“ Influenza. Wir vergessen allzu schnell, wie sehr wir eine Welt zahlloser ansteckender und auch nicht übertragbarer Krankheiten und Leiden gewöhnt waren – und dennoch überwiegend angstfrei und durchaus ruhig und zufrieden lebten.

Regelmäßiges breites Testen, Tracen und Impfen wird alles verändern, zum Guten. Wie rasch und wie gut – oder nicht – freilich diese Wende zur Immunisierung stattfindet wird maßgeblich das historische Urteil über die Qualität des Seuchenmanagements entscheiden. Denn jede Geschichte wird letztlich immer von ihrem Ende her erzählt, so wie sie ausgegangen ist. Das gilt für alle nationalen Varianten der Pandemiebekämpfung von China zu den USA, vom Vereinigten Königreich bis Neuseeland und die EU-27. Österreich hat, wie jedes Land, mit all seinen komparativen Vorteilen und Erblasten zu rechnen. Der jeweilige Mix aus Stärken und Schwächen legt fest, ob künftige Generationen eher ein „österreichisches Wunder“, ein Fiasko oder unteres Mittelmaß erinnern dürfen.

Das Pandemiemanagement wird letztendlich durch erfolgreiche Impfung entschieden?

So ist es. Doch allererste Nachrichten zu Impfpraxis und -strategie zur Jahreswende 2021 lassen die besten Fachleute eher nichts Gutes erwarten. So fürchten Koryphäen wie Robert Zangerle aus jahrzehntelanger Erfahrung, dass „aus der Schweinegrippe nichts gelernt“ wurde und „das Konzept der irregeleiteten Dezentralisation [...] schiefgehen wird“, „Hausärzte überfordert sind“, vor allem, dass die lt. „Empfehlungen des Nationalen Impfgremiums zur Priorisierung“ vom 26. Dezember und 12. Jänner eine Million höchst verletzlicher „Personen der ersten und zweiten Proritát“ bis April nicht geimpft werden könnten. „Wir begeben uns in eine für uns neue Welt der krassen Rationierung, in einem Land, wo ‚der dritte Mann‘ spielte, können wir uns darunter leider viel vorstellen.“

Der renommierte klinische Epidemiologe spricht „allerlei Gerüchte über Vordrängeln [...] selbst von Angehörigen der obersten Gremien (!)“ an sowie „dass Sportverbände ganz offiziell beim (Ministerium) [...] ersucht haben, für Spitzensportler Sonderimpfkontingente zur Verfügung zu stellen. Wozu gibt es eine Priorisierung, wenn es nur darum geht, wer wen kennt und wer sich wo reinreklamiert.“[87] Driften wir schon wieder in eine dunkle Parallelwelt rechtzeitig schützender „Luxus-“ und „Sonderimpfungen“ für VIPs ab, während normalsterbliche „Risikogruppen“ Hochbetagter und „Vorerkrankter“ weiter dem Risiko abnormaler Übersterblichkeit überantwortet bleiben?

Zur sozialen Seuche struktureller Korruption passen Zeitungsmeldungen, der Impfkoordinator des Bundes habe dem ORF-General bereits ab Februar 15.000 Pfizer-Impfdosen zugesichert, was der 3000-Mitarbeiter-Belegschaft schriftlich versichert – und sogleich auf 12.000 „Angehörige“ und „alle ORF-Zulieferfirmen“ ausgeweitet wurde – „eine mittlere Stadt“. Weitere Unternehmen „kritischer Infrastruktur“ wie Telekom und andere übliche Verdächtige wurden vom Impfzaren ebenfalls kontaktiert. Man kann sich die Weiterungen und Opfer dieser Impfsümpfe und sauren Wiesen lebhaft ausmalen, solange kein investigatives Medium oder Bürgeranwalt endlich ein rigoroses Impfmonitoring etabliert – und gegen das Nationale Impfgremium agierende Impfgewaltige entmachtet werden.

Zum Zeitpunkt des Neujahrskonzerts hält unser Operettenstaat am Nordbalkan bei 113.000 tiefgekühlt gelagerten Dosen, aber nur 0,07 Prozent bzw. 6000 Impfungen – gegenüber 30.000 im halb so großen Dänemark, 165.000 in Deutschland und über einer Million im gleich großen und viral betroffenen Israel, wo bereits 11,55 Prozent der Bevölkerung und über vierzig Prozent der +60-Jährigen auf persönliche Einladung hin geimpft wurden, bis zu 153.400 an einem Tag. In den USA wurden zwar nur 4,2 der von Trump für 2020 versprochenen zwanzig Millionen Dosen verimpft, aber pro Kopf doch zwanzigmal so viele wie hierzulande. Wir können nur dafür kämpfen, dass nicht bürokratische Inkompetenz und „innere Dämonen" am Schluss beim Impfen alles noch Erreichbare endgültig vermasseln: durch schlitzohriges Schwindeln und Schlawinern der Hofschranzen und Schummeln der Privilegiertesten.

Wird vielleicht doch noch alles gut?

Mit einer gelingenden, raschest möglichen, korrekten, transparenten, sozial fairen, gemeinschaftsimmunisierenden Durchimpfung der Bevölkerung und voller Wiederherstellung wirtschaftlicher Normalität und aller demokratischen Rechte und bürgerlichen Freiheiten wird auch die lähmende Angst und bedrückend atemabschnürende Enge dieser Episode wie ein schlimmer Fieberalbtraum vorbei sein. Sie zeigte, was wissenschaftlicher Erfindungsgeist vermag, ohne doch Vernunft zu verbürgen und per se gegen Panik, Tunnelblick, wirtschaftliche Selbststrangulierung, kollektiven Wahn und demoralisierende Korruption zu immunisieren.

Was wir aber nie mehr verdrängen sollten, ist, dass inzwischen Millionen Menschen nicht nur „an" oder „mit" Corona starben, sondern – geschätzt etwa von der Hälfte mehr bis doppelt so viele – „ohne, aber wegen Corona". Das wird sich, auf vorerst unabsehbare Zeit, kaum ändern lassen, zu groß und teils unumkehrbar sind längst die bereits eingetretenen wirtschaftlichen und sozialen Folgeschäden. Womöglich werden auch weiterhin weniger von uns am Virus und der Pandemie selbst als an den Kollateralschäden teils missglückter Versuche umfassenden Seuchenmanagements und weltweiter Massenarbeitslosigkeit gesunde Lebensjahre einbüßen und vorzeitig zu Tode kommen.

Erst eine illusionslose Kenntnisnahme erlittener Verluste und gelungene Trauerarbeit an schmerzlichen Traumata wird uns wieder frei machen für neue Lebenschancen. Erst dann kann der kreative Fokus auf die Vielfalt erreichter Wissenszugewinne, diagnostischer und therapeutischer Erfolge, steiler wissenschaftlicher und institutioneller Lernkurven die grundsätzlich zahllosen Innovationen und möglichen Kollateralnutzen in allen Lebensbereichen in den Blick nehmen.

Die westliche Welt hat 2020 in der Pandemiepolitik und im Seuchenmanagement vor allem im Vergleich mit asiatischen Ländern großteils versagt. So bleibt als künftiger Vorteil nur die Chance auf rasches und nachhaltiges Lernen aus der Analyse gescheiterter Bemühungen und vergangener Misserfolge. Langfristige Frühwarnsysteme und rechtzeitige Präventionspläne, korrekte Risikobewertung und verständliche Krisenkommunikation sowie ein „vereinteres Europa" sind Voraussetzungen erfolgreicher Seuchenbekämpfung und einer Minimierung unvermeidlicher, aber eben nicht wie bisher ganz unverhältnismäßiger Kollateralschäden.

Es gibt keinen Grund zu Pessismismus aus Prinzip. Warum sollten wir bezüglich Risikomanagement der alljährlichen Grippe- und Virensaisonen – und allgemeiner der Hygiene und Patientensicherheit im Gesundheitssystem, in ärztlichen Wartezimmern, Ordinationen, Ambulanzen, Spitälern, Alten- und Pflegeheimen, Reha-Einrichtungen usw. – künftig weniger erfolgreich sein als bislang bei den eindrucksvollen Fortschritten gegen Kindbett-, Säuglings- und Kindersterblichkeit, ansteckende Krankheiten, tödliche und invalidisierende Verkehrs- und Arbeitsunfälle?

Doch in einer von magischen Zahlen beherrschten Copycat World wird sich ein Erfolg solcher Anstrengungen erst mit ihrer global institutionalisierten Verankerung als messbaren Größen auf Dashboards einstellen. Das gilt etwa für vorzeitige Todesfälle und verlorene gesunde Lebensjahre nicht nur bestimmter Seuchen und Krankheiten, sondern auch anderer Übel und Elends wie Massenarbeitslosigkeit, Armut, Not und Entbehrung, Hunger, Unwissen, Unglück und Verzweiflung bis zum Suizid. Noch vor Corona nahmen sich 800.000 Menschen Jahr für Jahr das ihnen als unerträglich empfundene Leben. Freilich können erst sichtbar gewordenes, erfahrbares Leid und Schmerz beachtet, berücksichtigt und wirksam bekämpft werden. Das meiste Unheil liegt, wie wir sahen, selbst in Pandemiezeiten weit diesseits von Corona.

Zur Vorgeschichte des Buches – und Danksagungen

Die ersten Interviews wurden im März und April 2020 noch während der Quarantäne (mit Publikationsfristen am 19.3., 6.4. und 29.4.) durchgeführt und am 17. Juni sowie am 8. und 16. Juli punktuell aktualisiert. Die erste Befragung initiierte Sebastian Loudon, Zeit-Verlag und Herausgeber *Datum* Mitte März, Die Zäsur. 25 Stimmen zur Coronakrise, Datum 04/20, S. 18–29, den ersten ausführlichen Dialog führte Michael Miskarik, österreichischer Niederlassungsleiter der Deutschen HDI, Ende März. Eine verkürzte Version wurde in der Ostersonntagsausgabe des *Kurier*, 12. April, S. 30/31, als „Leben im ‚Corona-Camp'" veröffentlicht, das ungekürzte Interview im IWM online https://www.iwm.at/closedbutacitve/corona-focus/bernd-marin-im-dialog-mit-michael-miskarikleben-im-corona-camp/

Ein Folgeinterview wurde von Georg Pankl, Chefredakteur von *FONDS professionell*, geführt und in gekürzter Druckfassung, „Das Regierungsprogramm ist reine Makulatur geworden" (https://www.fondsprofessionell.at/magazin/fonds-versicherungen/artikel/das-regierungsprogramm-ist-reine-makulatur-geworden-61928/) veröffentlicht, vollständig online als „Post-Quarantimes: Wege aus dem ‚Corona-Camp'", siehe auch IWM, https://www.iwm.at/closedbutacitve/corona-focus/bernd-marin-im-dialog-mit-georg-panklpost-quarantimes-wege-aus-dem-corona-camp/

Weitere Fragen wurden entweder im Rahmen des Virtual Fellows Colloquium 5 gestellt: Bernd Marin, August Ruhs, „Leben im und Wege aus dem Corona-Camp", 11. Mai (IWM Podcast, https://soundcloud.com/iwm-vienna/virtual-fellows-colloquium-bernd-marin-und-august-ruhs-leben-im-und-wege-aus-dem-corona-camp), rund um das online IWM Europe Futures Symposium 2020 vom 29. Juni (https://youtu.be/YXZLY2X6YWo) oder durch schriftlichen Austausch mit den Filmemachern Igor Bararon (Barka Media, Wien), Ruth Beckermann (Ruth Beckermann Filmproduktion Wien, Wien und Gars am Kamp) und Oleksandra Vagner (Editor Radio Free Europe / Radio Liberty [RFE / RL], Prag, aufgeworfen. Für das englische Interview siehe https://www.berndmarin.eu/radio/interview-on-radio-free-europeradio-liberty/, für den russischen Text https://www.svoboda.org/a/30735711.html, für die deutsche Version https://www.berndmarin.eu/wp-content/uploads/2020/07/20200713-Gesundheit-als-saekularisierte-Religion_RFE_Interview-Deutsch.pdf

Zuletzt wurden zwei Interviews zur Zukunft der Arbeit stark gekürzt berücksichtigt: das doppelseitige *Kurier*-Interview mit Daniela Kittner vom Sonntag 30. August unter https://kurier.at/politik/inland/arbeit-nach-dem-corona-camp-goldader-der-flexibilisierung-freilegen/401015756 bzw. https://www.berndmarin.eu/wp-content/uploads/2020/08/20200830_Die-Goldader-der-Flexibilisierung-freilegen_Kurier_Interview-1.pdf und ein einstündiges Video-Interview mit Eva Pfisterer zu den 36. Internationalen Sommergesprächen der Waldviertel-Akademie, „Die Zukunft der Arbeit.

Krisenbedingte Veränderungen", als Youtube unter https://www.youtube.com/watch?v=pqV6oTbh9DQ mit 5. September. Entwicklungen um weitere Infektionswellen und Lockdowns wurden bis 4. Jänner 2021 berücksichtigt.

Kritische Fragen und Kommentare verdanke ich meinen Universitätskollegen Gustl Ruhs (Universität Wien, Psychiatrie und Psychoanalyse)[88], Robert Trappl (Universität Wien, Künstliche Intelligenz), Erhard Friedberg (em. Sociologie, Science Po und CSO/CNRS, Paris), Claus Offe (Permanent Fellow am IWM Wien und Hertie School of Governance, Berlin), Patrick Kenis (School of Economics and Management, Tilburg University) und Sang-Jin Han (em. Sociology Seoul National University/SNU und Jong Min Foundation, Seoul, und Jilin University, China).

Mein großer Dank gilt den Personen in meinem jüngsten intellektuellen Zuhause im letzten Jahr, zunächst als Guest (zwischen Juni 2019 und November/Dezember 2019) und dann als Europe's Futures Fellow (EFF, September 2019 bis Oktober 2020), dem Institut für die Wissenschaften vom Menschen/IWM, in Wien. Es ist ein äußerst inspirierender Ort auf wirklich weltweiter Ebene und bietet ein wunderbares Ambiente mit vielen geistigen Anregungen bis zu den und über die Quarantimes hinaus, als die Virtual Fellows Colloquia auf Initiative unter der Leitung und Moderation von Ludger Hagedorn begannen.

Die Quarantimes begannen unmittelbar nach dem 3rd Think Tank Forum des Institute for Democracy „Societas Civilis" (IDSCS) und der European Council for Foreign Relations (ECFR) Sofia Konferenz in Skopje vom 8. bis 10. März zum Thema „Stimulating strategic autonomy. Western Balkans' contribution for a shared European Future". Hier trafen sich zum vorerst letzten Mal European Futures Fellows des ersten Jahres wie Kristof Bender, stellvertretender Vorsitzender der Europäischen Stabilitätsinitiative (Berlin, Wien), Stefan Lehne (Carnegie Europe Brüssel) und Tim Judah (The Economist, London und Westbalkan) mit dem Programmleiter Ivan Vejvoda (Wien und Belgrad) sowie einigen der diesjährigen EFF-Fellows wie Péter Krekó, Grigorij Meseznikov und mir – eine Art generationenübergreifender EFF-Dialog im Kontext und Dienste einer anderen Institution.

Das Treffen wurde wie üblich von Dino Pašalić, Europe's Futures-Projektmanager, gut orchestriert. Hedvig Morvai, Direktorin für Strategie und Europa der ERSTE-Stiftung, nahm namens des Sponsors des EFF-Programms und als Expertin für die diskutierten Themen teil. In Skopje diskutierten wir über die möglichen Zukünfte Europas in Südosteuropa, vom New Green Deal bis zur wirtschaftlichen und sozialen Konvergenz, von Migration und griechisch-türkischen Grenzkonflikten über Sicherheit und hybride Bedrohungen bis zur Rechtsstaatlichkeit. Das einzige Wort, an das ich mich nicht erinnern kann, dass ich es während der drei Tage in Skopje (im damals CoV-2-virenfreien Nordmazedonien eine Art Elefant im Raum) auch nur ein einziges Mal gehört hätte, war das, was uns seit der

Rückkehr am 10. März spätabends permanent in ganz Europa begleitet hat – nämlich „Corona“.

Zum Schluss noch mein Dank an die feine IWM-Crew von Kolleginnen und Kollegen. Zunächst meine diesjährigen EFF-Co-Fellows – Alida Vracic (Wien, Sarajevo), Niccolò Milanese (Paris), Isabelle Ioannides (Brüssel), Nicole Koenig (Berlin), Péter Krekó (Budapest), Leszek Jazdzewski (Warschau) und Grigorij Meseznikov (Bratislava) – waren anregende Partner im Dialog, wo immer wir uns zwischen Wien, Palermo und Skopje trafen – solange und wie wir uns seitdem austauschen konnten. Wir werden auf jeden Fall in Verbindung bleiben und trotz physischer Distanz und eines gefährlichen Virusangriffs auf unseren Programmdirektor im März und April sozial nahe sein.

In meiner Zeit am IWM 2019 und 2020 habe ich viel von einer Reihe brillanter Gastwissenschaftler sowie von den Permanent Fellows am IWM Ayse Caglar, Ludger Hagedorn, Ivan Krastev, Timothy Snyder, Miloš Vec und meinem alten Freund und Kollegen Claus Offe gelernt. Ich bin dankbar für die großzügige Einladung und den interessanten Austausch mit Ivan Vejvoda, dem Leiter des Europe's-Futures-Programms. Dank schließlich an Shalini Randeria, der idealen Rektorin, wie man sie sich für ein optimales IWM in einem globalen Europa nur wünschen kann. Ihre intellektuellen Inspirationen, ihre professionelle Führung und ihre Dirigeance entsprechen perfekt ihrer gelehrten Gastfreundschaft. Mein Dank an alle in Form dieses kleinen Buches „made in IWM“.

Anmerkungen

1 Patrick Kenis, Bernd Marin (Eds.), Managing AIDS. Organizational Responses in Six European Countries, Aldershot, Brookfield USA, Singapore, Sydney: Ashgate1997, siehe https://www.berndmarin.eu/wp-content/uploads/2017/09/1997-Managing-AIDS_Organizational-Responses-in-Six-European-Countries_overview.pdf

2 Unique Research für Heute, 23. November 2020, https://tools.pinpoll.com/embed/101102, und 10. August 2020, https://www.heute.at/s/corona-impfung-umfrage-100096049. In beiden Umfragen waren 37 bis 46 Prozent gegen eine SARS-CoV-2-Impfung, mit einem Kern an Impfgegnern zwischen 21, 27 und 37 Prozent. Hardcore-Impfgegner sogar gegen Masern-Impfpflicht für Kinder, für die Ende Jänner 2019 ganze 77 Prozent der Bevölkerung (und sogar 71 Prozent der FPÖ-Wähler*innen gegen ihre eigene Sozialministerin Beate Hartinger-Klein) eintraten, sind nur sieben Prozent, siehe https://www.unique-research.at/post/heute-umfrage-impfpflicht

3 Profil-Umfrage 18. bis 20. Mai 2020 zur Impfpflicht gegen Corona, https://www.unique-research.at/post/profil-umfrage-impfpflicht. Zur ambivalenten und schwankenden Impfbereitschaft siehe Gallup 25 November und 16. Dezember 2020. https://www.gallup.at/fileadmin/documents/PDF/marktstudien/2020/Gallup_Corona_Stimmungsbarometer_Dezember_Charts_PA.pdf

4 Austrian Corona Panel Project, https://viecer.univie.ac.at/coronapanel/

5 Bernhard Kittel, https://viecer.univie.ac.at/corona-blog/corona-blog-beitraege/blog87/

6 So die frühere Präsidentin der Eidgenössischen Kommission für Impffragen (Ekif), Neue Zürcher Zeitung, 11. Dezember 2020.

7 David D. Schiestl, Die Wiener Gratis-Grippeimpfaktion zeigt Wirkung, https://viecer.univie.ac.at/corona-blog/corona-blog-beitraege/blog86/

8 Jeremy Brown, The Coronavirus Is No 1918 Pandemic, in: The Atlantic March 3, 2020. Siehe auch Jeremy Brown, Influenza: The Hundred-Year Hunt to Cure the Deadliest Disease in History, New York: Atria Books 2018.

9 Jörg Raab, Patrick Kenis, Marleen Kraaij-Dirkzwager, Aura Timen, Ex Ante Knowledge for Infectious Disease Outbreaks: Introducing the Organizational Network Governance Approach' 2017, to be published in Volume 15 Springer series Knowledge & Space: Johannes Glückler, Gary Herrigl, Michael Handke (Eds.), Knowledge for Governance, Berlin, Heidelberg: Springer 2020.

10 Patrick Kenis, The Economist, Letters to the editor, Apr 2nd 2020 edition. Martin Sprenger, kritischer Public-Health-Experte und während der Quarantäne kurzzeitig Mitglied der Corona-Task-Force der österreichischen Bundesregierung, kommt übrigens in seiner interessanten Insider-Chronik „Das Corona-Rätsel. Tagebuch einer Pandemie", Wien: Seifert-Verlag 2020, S. 306 zur selben Beurteilung „sozialer Distanzierung" als „missverständlich" und empfiehlt ebenfalls den Begriff „physische Distanzierung".

11 Siehe dazu eine der ersten öffentlichen Wortmeldungen in Österreich seitens des Finanzexperten und früheren Präsidenten des Finanz-Marketing Verbandes Österreich sowie Mitdenkers der Plattform seniors4success Josef Redl, „Die Alten in Schutzhaft", Der Standard, 20. Mai 2020, und dessen Interview mit Michael Miskarik, „Raus aus der Corona-Schutzhaft", Kurier,

18. Juli 2020. Für empirische Evidenz zur Lage und Stimmung der Bevölkerung 60+ siehe die für seniors4success von Telemark Marketing im Juli/August erhobene Befragung, https://www.seniors4success.at/images/sen-8-2020.pdf und https://seniors4success.at/ergebnisse-auswirkungen-corona.

12 The Economist, September 26 – October 2, 2020, pp 17–20, auf Basis von 279 Serosurveys in 19 Ländern, Quellen: Johns Hopkins, UN, WHO.

13 In Weiterentwicklung eines Konzepts des großen, aus Österreich vertriebenen Pioniers US-amerikanischer Sozialforschung Paul F. Lazarsfeld zum „Halbwissen" siehe Bernd Marin (1981), What is „Half-Knowledge" Sufficient for – and When? Theoretical Comment on Policymakers' Uses of Social Sciences, in: Knowledge: Creation, Diffusion, Utilization 3 (1): 43–60.

14 Dazu die Version des Dachverbandes der italienischen Bestattungsunternehmen Federazione Onoranze Funebri vom 24. März, https://www.adnkronos.com/fatti/cronaca/2020/03/24/coronavirus-federazione-onoranze-funebri-problema-gestionale smaltimento%20defunti_Nmzs6lQ3x2ZApN2FzDAG3H.html?refresh_ce

15 Prof. Franz Allerberger, Leiter der Österreichischen Agentur für Gesundheit und Ernährungssicherheit/AGES am PrimärVersorgungsKongress am 18. September 2020 in Graz, Aktueller Wissensstand zu SARS-Co2, COVID-19, https://www.pv-kongress.at/kongress-2020/webinare/

16 Addendum, siehe https://www.addendum.org/coronavirus/miliz-mobilmachung

17 https://www.vienna.at/tourismus-coronatests-preis-geprueft-und-angemessen/6688596

18 https://www.vienna.at/80-000-corona-tests-im-tourismus-durchgefuehrt/6709154

19 Siehe den „Bericht der unabhängigen Expertenkommission, Management COVID-19 Pandemie Tirol", 12. Oktober 2020 von DI Bruno Hersche, Univ.-Prof. Dr. Winfried V. Kern, Doz.in Dr.in Nicole Stuber-Berries, Dr. Ronald Rohrer (Vorsitzender), Univ.-Prof.in Dr.in Alexandra Trkola, em. o. Univ.-Prof. Dr. Karl Weber. https://www.tirol.gv.at/fileadmin/presse/downloads/Presse/Bericht_der_Unabhaengigen_Expertenkommission.pdf

20 Titelblatt Kleine Zeitung Graz, 3. April 2020.

21 The Economist Intelligence Unit, How well have OECD countries responded to the coronavirus crisis?, Report June 2020, London, New York, Hong Kong and European Centre for Disease Prevention and Control (ECDC) of the European Union in Stockholm, https://www.ecdc.europa.eu/en/covid-19-pandemic (Download June 17).

22 European Commission, European Economic Forecast, Summer 2020 (Interim) https://ec.europa.eu/info/sites/info/files/economy-finance/ip132_en.pdf https://ec.europa.eu/info/publications/economic-and-financial-affairs-publications_en, 07 July 2020.

23 OECD, Economic Outlook, Volume 2020, Issue 2, December.

24 Joe Hasell, Which countries have protected both health and the economy in the pandemic? Our World in Data, https://ourworldindata.org/covid-health-economy

25 Devi Sridhar, The evidence is clear: if countries act together, they can suppress Covid, The Guardian, 1st November 2020. Robert Zangerle publiziert mit Dutzenden kostbarer und unbestechlich eigenwilliger virologischer Beiträge in Armin Thurnhers einzigartiger, seit 17. März tatsächlich tagtäglicher „Seuchenkolumne. Nachrichten aus der vervirten Welt".

26 https://www.bloomberg.om/graphics/covid-resilience-ranking/?utm_content=bufferc5a01&utm_medium=social&utm_twitter.om&utm, Der Hinweis verdankt sich Johannes Huber, diesubstanz.at, 23. Dezember 2020, Österreich zu den Schlechtesten gezählt.

27 Christine Aumayer-Hajek, Ernest Pichlbauer, Der Kanzler und die Herdenloyalität, Der Standard, 28. April 2020.

28 Tomas Pueyo, Coronavirus: The Hammer and the Dance, March 19, 2020, https://medium.com/@tomaspueyo/coronavirus-the-hammer-and-the-dance-be9337092b56

29 Siehe die empfehlenswerte Addendum-Chronik v. Michael Fleischhacker (Hg.), Corona. Chronologie einer Entgleisung, Edition QVV, Wien 2020, S. 157–168.

30 Ebd., S. 138.

31 Ebd., S. 30. Fleischhacker zitiert Daten der WHO und der Johns Hopkins University, „bei wie vielen offiziellen COVID-19-Erkrankten der Lockdown je Nation erfolgte", nämlich die Zeitverzögerung bzw. Reaktionsgeschwindigkeit gemessen als „Summe bestätigter infizierter COVID-19-Patienten am Tag der Einführung des Lockdowns" – ohne daraus die offenkundigen politischen Folgerungen zu ziehen. Österreich (860) war so viel rascher als Italien (12.462), das Vereinigte Königreich (8077), Spanien (7798), Frankreich (4469) oder Belgien (1486) als die öffentlich meist erwähnten Vergleichsfälle, dass die Bevölkerung ihre Regierung als eine Art Avantgarde-Akteur erleben konnte. Doch das war ein Irrtum durch Manipulation, da die vielen noch weitaus schneller reagierenden oder besser funktionierenden Länder meist gar nicht auf dem öffentlichen Radar auftauchten: die Tschechische Republik (298), Ungarn (300), Rumänien (367) oder Griechenland (697) waren „unsichtbar", aber signifikant schneller als Österreich – und sogar die chinesische Provinz Hubei (444) als Herkunftsort des CoV-2-Virus reagierte zweimal so rasch wie Österreich. In der zweiten Welle gab es nicht einmal mehr diese Illusion eines rechtzeitig raschen Handelns.

32 Der „Bericht der unabhängigen Expertenkommission, Management COVID-19 Pandemie Tirol", ist ein erster ausgezeichneter Schritt einer solchen Aufarbeitung am Beispiel von Ischgl und Tirol.

33 Charles E. Lindblom (1959), The Science of „Muddling Through", in: Public Administration Review, Vol 19, pp 79–88, and (1979), Still Muddling, Not Yet Through, in: Public Administration Review, Vol 39, pp 517–526.

34 Die Presse, 23. Dezember 2020, „Der Lockdown dauert viel zu lange".

35 Im Abschlussbericht der unabhängigen Expertenkommission, Management COVID-19 Pandemie Tirol wurden der „Super-Spreader"-Après-Ski-Bar „Kitzloch" zumindest acht Unterkapitel gewidmet, zuletzt in 5.3 „Die Sonntagsöffnung des ‚Kitzloch' ein eigener, sehr kritischer Abschnitt.

36 Shengjie Lai, Nick W. Ruktanonchai, Liangcai Zhou et al., Effect of non-pharmaceutical interventions to contain COVID-19 in China. Nature 585, 410–413

(2020). https://doi.org/10.1038/s41586-020-2293-x, veröffentlicht am 4. Mai 2020.

37 Bericht der unabhängigen Expertenkommission, S. 71, sowie Amt der Tiroler Landesregierung, Abt. Landessanitätsdirektion, Mail an ORF, 27. November 2020.

38 AGES, Situations Report – COVID-19, 6. April 2020, und MedUni Innsbruck, https://www.i-med.ac.at/mypoint/news/746359.html, 25. Mai 2020.

39 Verbraucherschutzverein VSV, Presseunterlage vom 23. September 2020, Brief an den Bundeskanzler vom 23. September 2020, Auswertung Corona-Virus-Tirol Stand 20-09-2020 und Amtshaftungsklage Hinterbliebener an das Landesgericht für Zivilrechtssachen Wien, 21. September 2020 (23 Seiten).

40 Armin Thurnher in seiner gleichnamigen Seuchenkolumne Nr. 237 vom 9. November 2020, in der Robert Zangerle den weitsichtigen Kommentar von Devi Sridhar, Lehrstuhlinhaberin für Global Public Health in Edinburgh, vom 14. August 2020 in der New York Times, We Will Pay for Our Summer Vacations With Winter Lockdowns, zitiert.

41 Zur Great Barrington Declaration siehe https://gbdeclaration.org/die-great-barrington-declaration/, zum John Snow Memorandum https://www.johnsnowmemo.com. Für die Suche nach einer Synthese etwa The Economist, When doctors disagree, October 24th-30th 2020, pp 69/70.

42 https://ourworldindata.org/coronavirus, 14. November 2020.

43 https://orf.at/corona/daten/oesterreich, Download 29. November für 11. November 2020.

44 Statistik Austria, 26. November 2020, https://www.statistik.at/web_de/presse/124846.html

45 Armin Thurnher, Seuchenkolumne Nr. 243 vom 15. November 2020, „Lockdown: Vom Glück zum Pech. Willkommen im Worst Case!".

46 http://just-the-covid-facts.neuwirth.priv.at/. Eine hervorragende Zusammenfassung seiner Thesen und Charts als Pop-Science durch Alwien Schönberger im Profil 47/15, November 2020, S. 84–87.

47 Robert Zangerle, Seuchenkolumne 289, Falter, 30. Dezember 2020.

48 Market, Gesellschaftsindikatorforschung Market & Lazarsfeld, auf der Basis von 25.000 Online-Interviews, https://www.market.at/market-aktuell/details/corona-hinterlaesst-tiefe-spuren-auf-der-seele.html

49 Zur Corona-Krise die Gallup-Umfrage im Oktober, https://www.gallup.at/de/unternehmen/studien/coronakrise-skepsis-an-politik/

50 TQS Research & Consulting, Dieter Scharitzer, Lebenswelten der ÖsterreicherInnen nach Corona, Oktober 2020.

51 Research Affairs, Umfrage 27. bis 29. Oktober 2020, 1000 Befragte, max. Schwankung 3,2 Prozent.

52 APA-OTS, Profil-Umfrage durch Unique Research, 7. November 2020.

53 Gallup Corona-Stimmungsbarometer, 18. November und 16. Dezember 2020.

54 Market-Institut, 10. Dezember 2020, https:///www.market.at/market-aktuell/details/corona-management-der-lack-ist-ab.html

55 Durchführungsverordnung (EU) 2020/402 der Kommission vom 14. März 2020 über die Einführung der Verpflichtung zur Vorlage einer Ausfuhrgenehmigung bei der Ausfuhr bestimmter Produkte, https://eur-lex.europa.eu/legal-content/DE/TXT/HTML/?uri=CELEX:32020R0402&from=GA

56 Siehe das anregende neue Buch von Ivan Krastev, Ist heute schon morgen? Wie die Pandemie Europa verändert, Berlin: Ullstein Verlag 2020, S. 79f. und seinen Essay „Seven early lessons from the coronavirus", IWM Blog 18, March 2020, https://www.ecfr.eu/article/commentary_seven_early_lessons_from_the_coronavirus?fbclid=IwAR2VEPFk6nhbR1lOeV1d3cco4vSEonA3eS_5tziYcdxtPyao-wUKcJwpjGQ. Zur schmerzlichen Kluft zwischen Worten und Taten bezüglich des Europäischen Sozialmodells ganz allgemein Bernd Marin (2007), Pas de „modèle social européen"? pp 163–179, in: Bronislaw Geremek et Robert Picht (eds.), Visions d'Europe. Paris: Odile Jacob sowie Bernd Marin, No „European Social Model" in Europe?, pp 459–487 in: Bernd Marin (Ed., 2015), The Future of Welfare in a Global Europe, Ashgate

57 Siehe Fn 2 und 3.

58 Bernd Marin (2013), Welfare in an Idle Society? Reinventing Retirement, Work, Wealth, Health and Welfare, p 440 f., Ashgate.

59 So Martin Sprenger in seinem Pandemietagebuch über „die letzte Sitzung" der Corona-Taskforce der Bundesregierung am Tag vor Inkrafttreten der Quarantäne, Sonntag, 15. März 2020, „die noch Face to Face stattfindet. Diesmal moderiert (Gesundheitsminister) Anschober in seiner ruhigen und sachlichen Art die Sitzung alleine. Das Niveau der Diskussion ist wiederum sehr hoch. Etwas aus der Reihe fallen die Beiträge des Ärztekammerpräsidenten Szekeres, der Bundesheersoldaten vor den Ordinationen fordert. Aber ich bin da vorbelastet. Bei diesem Typus von Mediziner und Mensch entwickle ich eine Abneigung, die mich manchmal selbst überrascht. Sprenger und Ärztekammerfunktionäre, das ist so wie Tiroler und Wiener, Bayern und Preußen, nur noch viel schlimmer." („Das Corona-Rätsel. Tagebuch einer Pandemie", S. 55) Bleiben nur zwei offene Fragen: Erstens, macht das so entwaffnend offen und selbstkritisch einbekannte Vorurteil des Public-Health-Experten Martin Sprenger gegen „diesen Typus von Mediziner und Mensch", nämlich „Ärztekammerfunktionäre", seine Aussage weniger glaubhaft – oder gar glaubhafter? Und zweitens: ist sie wahr oder nicht – oder wurde da vielleicht etwas missverstanden? Ist es denkbar, dass der sozialdemokratische und angeblich humanistisch gesinnte oberste Standesvertreter der gesamten österreichischen Ärzteschaft tatsächlich „Bundesheersoldaten vor den Ordinationen fordert"?

60 Yuval Noah Harari (2020), The world after corona virus, Financial Times, March 20, 2020, https:www.ft.com/content/19d90308-6858-11ea-a3c9-1fe6fedcca75

61 Dagegen kritisch etwa Claus Offe, Pandemie-Politik: Optionen und Konflikte, https://www.iwm.at/closedbutacitve/corona-focus/claus-offepandemie-politik-optionen-und-konflikte/. Für einen neuen Beitrag siehe auch Claus Offe (2021), Corona Pandemic Policy. Exploratory notes on its „epistemic regime", forthcoming in Gerard Delanty (Ed.), Pandemic, Politics, and Society: Critical Perspectives on the Covid-19 Crisis, De Gruyter, Berlin, 2021.

62 European Centre, Welfare in a Civil Society, Report for the Conference of European Ministers Responsible for Social Affairs – United Nations European Region – Bratislava, June 28–July 2, 1993, pp 71–73.

63 Der Spiegel, Das große Sterben, Nr. 41, 2. Oktober 2020.

64 Steven H. Woolf, Derek A. Chapman, Roy T. Sabo, Daniel M. Weinberger, Latoya Hill, DaShaunda D. H. Taylor, Excess Deaths From COVID-19 and Other Causes, March–July 2020. JAMA. Published online October 12, 2020. DOI: 10.1001/jama.2020.19545

65 Center for Disease Control and Prevention/CDC, Excess Deaths Associated with COVID-19, by Age and Race and Ethnicity – United States, January 26–October 3, 2020, https://www.cdc.gov/mmwr/volumes/69/wr/mm6942e2.htm?s_cid=mm6942e2_w

66 Stephen J. Elledge, 2.5 Million Person-Years Have Been Lost Due to COVID-19 in the United States, https://www.medrxiv.org/content/10.1101/2020.10.18.20214783v2

67 Majid Ezzati et al., Magnitude, demographics and dynamics of the effect of the first wave of the COVID-19 pandemic on all-cause mortality in 21 industrialized countries, https://www.nature.com/articles/s41591-020-1112-0, Nature Medicine, October 14, 2020.

68 The Economist, September 26–October 2, 2020.

69 OECD, Regions and Cities at a Glance, November 30, 2020.

70 https://www.rnz.co.nz/national/programmes/sunday/audio/2018767843/near-extinction-of-influenza-in-nz-as-numbers-drop-due-to-lockdown

71 Heiko Bugger, Johannes Gollmer, Gudrun Pregartner, Dirk von Lewinski et al.: Complications and mortality of cardiovascular emergency admissions during COVID-19 associated restrictive measures, Plos One, September 24, 2020, https://journals.plos.org/plosone/article?id=10.1371/journal.pone.0239801

72 Dazu sehr überzeugend die vernichtende Kritik des US-Gesundheitssystems von Timothy Snyder, Our Malady. Lessons in Liberty from a Hospital Diary, Penguin Random House 2020

73 Nachrichten auf servustv.com, 2. September 2020.

74 AGES-Infektiologe: „Jeder wird das Virus kriegen – außer er stirbt vorher", Der Standard, 25. Oktober 2020.

75 Siehe z. B. Deloitte, Universität Wien, Universität Graz, Wie COVID-19 das Arbeiten in Österreich verändert. Flexible Working Studie 2020, ifo Institut München, 2020, Jean-Victor Alipour, Oliver Falck, Simone Schüller, Homeoffice während der Pandemie und die Implikationen für eine Zeit nach der Krise, ifo Schnelldienst, 2020, 73, Nr. 07, 30–36, Fraunhofer-Institut für Arbeitswirtschaft und Organisation IAO, in Kooperation mit der Deutschen Gesellschaft für Personalführung DGFP e.V., 2020, Josephine Hofmann, Alexander Piele, Christian Piele, Arbeiten in der Corona-Pandemie – auf dem Weg zum New Normal. Im Gegensatz dazu eine Studie aus fernen Vor-Corona-Zeiten von Eurofund und dem International Labour Office (2017), Working anytime, anywhere: the effects on the world of work.

76 Für das bahnbrechende „New Normal" bei Siemens siehe https://press.siemens.com/global/de/pressemitteilung/siemens-etabliert-mobiles-arbeiten-als-kernelement-der-neuen-normalitaet

77 Martin Sprenger, Corona-Pandemie im Rückblick: Zahlen, Daten, Fakten, hat in seinem Referat zum PrimärVersorgungsKongress am 19. September u. a. einen bis fünf Monate, von März bis August dauernden Rückgang der Notaufnahmevorstellungen zum Vergleichszeitraum November 2019 bis März 2020 belegt, und zwar bis über vierzig Prozent, davon überwiegend als „normal" und „dringend" eingeschätzte Fälle, aber auch viele „sehr dringende" Fälle. Monatelang schienen lediglich die „Sofort"-Notaufnahmen zu funktionieren und entsprechende gesundheitliche Kollateralschäden unabwendbar. Siehe https://www.pv-kongress.at/kongress-2020/webinare/

78 Für den bescheidenen Versuch einer Wunscherfüllung siehe den von Igor Bararon vorgeschlagenen und von Groucho Marx inspirierten Sketch-Ausschnitt von dem online verfügbaren IWM Europe Futures Symposium 2020 vom 29. Juni, https://youtu.be/YXZLY2X6YWo

79 Lisa Eckhart, Der Gutunmensch. Quarantäne als krönender Abschluss ..., Feuilleton, Falter 14/20, 1. April 2020.

80 Der Spiegel, Nr. 43, 17. Oktober 2020, Albtraum Lockdown. Hotspot Deutschland, Seiten 16, 8–21, 38–40, 108–110.

81 Market Institut, 25. November, Die Corona-Krise belastet das Generationsverhältnis.

82 Glossen zum Ageism in Österreich, lange vor Corona, etwa Klaus Nüchtern, Jetzt ist aber mal Schluss mit lustig, Falter 17/19, 2019, S. 32, Elfriede Hammerl, Feindbild Oma, Profil, 9. Mai 2009, Bernd Marin, „Alte Weiber, alte Säcke", Kleine Zeitung, Graz, 25. Juli 2009, S. 5, Bernd Marin, „Die Alten", nichts als Alte, Kleine Zeitung, Graz, 1. August 2009, Lisa Eckhart, Was täten junge weiße Gören ohne alte weiße Männer?, Der Standard, 8. März 2019.

83 Siehe die Pionierstudie von Guillaume Marois, Raya Muttarak, and Sergei Scherbov, Assessing the potential impact of COVID-19 on life expectancy, https://journals.plos.org/plosone/article?id=10.1371/journal.pone.0238678

84 Als Beispiel für viele, der extrem überproportionale Anstieg der Langzeitarbeitslosigkeit der Jungen unter 24: Ihr Risiko stieg im letzten Jahr bis November um 679 Prozent (bis 19 Jahre) bzw. 798 Prozent (bis 24) gegenüber „bloß" 66 bis 142 Prozent zwischen 25 und 59 Jahren und 52 Prozent über dem Alter von sechzig. Siehe dieSubstanz.at, 2. Dezember, „Coronakrise trifft Junge stärker".

85 Bernd Marin, Die Pflege-Regression, Trend, 13. Juli 2017.

86 Bert Rürup, Vermögensteuer: Der falsche Weg, Der Chefökonom – 13. Dezember 2019, Handelsblatt Research Institute Analyse, plädiert für eine „kluge Erbschaftssteuer", die „weniger schädlich für den Standort und einfacher umzusetzen als eine Vermögenssteuer" wäre.

87 Robert Zangerle, Seuchenkolumne 290, Falter, 31. Dezember 2020.

88 August Ruhs, Einige komprimierte Gedanken zur Corona-Krise aus psychoanalytischer Perspektive, https://www.iwm.at/uncategorized/einigekomprimierte-gedanken-zur-corona-krise-aus-psychoanalytischer-perspektive/, und Das Pandämonium der Pandemie oder warum z. B. das Hamstern von Klopapier Sinn macht, https://psychoanalyse-wien.at/index.php?eID=dumpFile&t=f&f=1667&token=54e698f46dc1b8683f5dbe543253d773160fd9eb und Was wird Corona gewesen sein?, Der Standard, 4. Oktober 2020.